PILARÍN BAYÉS

1.000 motius per viure

PILARÍN BAYÉS

1.000 motius per viure

laGalera

Primera edició: agost del 2021

Adaptació de la coberta i maquetació: The Social Vim Collective

Direcció editorial: Pema Maymó

© Pilarín Bayés, 2021, del text i les il·lustracions
© 2021, la Galera, SAU Editorial, per aquesta edició

Tots els drets reservats.

Josep Pla, 95
08019 Barcelona
www.lagaleraeditorial.com

Imprès a Índice, S. L.
Dipòsit legal: B-5.314-2021
ISBN: 978-84-246-7078-8
Imprès a la UE

Qualsevol mena de reproducció, distribució, comunicació pública o transformació d'aquesta obra resta rigorosament prohibida i estarà sotmesa a les sancions establertes per la llei. L'editor faculta el CEDRO (Centre Espanyol de Drets Reprogràfics, www.cedro.org) perquè n'autoritzi la fotocòpia o l'escaneig d'algun fragment a les persones que hi estiguin interessades.

Dedicat a totes les persones
que tinguin la paciència de llegir
les pàgines d'aquest llibre.

Índex

1
Moments estel·lars
de la meva vida

p. 17

2
Viure i creure:
els valors que m'acompanyen

p. 41

3
La poesia:
jugar amb les paraules

p. 67

4
Les arts
i els artistes

p. 89

5
L'ofici:
del traç al llibre

p. 127

6
Les persones
que em commouen

p. 145

7
Descobrir el món:
els indrets
que m'han acollit

p. 157

8
El meu país
és al meu cor!

p. 207

PREFACI

Amb motiu dels 80 anys m'han demanat de posar per escrit i dibuixar les 1.000 raons que m'han impulsat a viure. N'he trobat alguna més, perquè viure és interessant, intens, sorprenent. Amb tot, fer una llista d'aquests motius i prou no em semblava que pogués ser interessant per a ningú més. Així que se'm va acudir de proposar una mena de joc per veure si les vostres raons vitals s'assemblen a les meves. Descobrir quines són aquestes raons vitals et pot espantar, fer-te riure, deixar-te indiferent, fer-te qüestionar un seguit de coses, o simplement et pot fer venir ganes de tancar el llibre.

Com t'ho fas amb les cunyades?

Quins països t'han atret tant que els has hagut de visitar?

Recordes algunes parts del catecisme? Les subscriuries ara com el dia de la primera comunió?

Has conegut gent interessant?

Guardant les distàncies, la mecànica del joc és similar a la del llibre de Kempis: a l'atzar, busques de què parla el llibre i constates la proximitat que hi ha, o no, amb el teu pensament. El meu pensament no és transcendental, com el de Kempis, que et soluciona la vida. Jo només vull jugar, fer rumiar, buscar la complicitat amb els de la meva edat i explicar coses als més joves, i així fins a 1.000 possibilitats…

Passeu-ho bé si podeu, però, si no és el cas, a la vostra biblioteca aquest llibre sempre hi farà un goig que enamorarà.

Pilarín

NÚMERO U. ÚNIC. MONOTEISTA

1 Primer motiu per viure: Déu, tingui l'aspecte que tingui, ens ha posat aquí però no ens deixa sols. El seu telèfon sempre té cobertura.

2 Sentir-te estimada i pensar que ja no pots estimar més és un motiu grandiós per viure.

3 Però hi ha un dia que és especial i ja som tres. És la trampa magnífica per evitar l'extinció de la humanitat.

4 Els fills en bloc: les 4 principals raons per viure. Per a nosaltres també eren una sòlida unitat en ells mateixos.

MARIA · MARTÍ · MARGARIDA · ROGER

5 En Sam, en Negret, en Xico, en Layret, la Tuca. Companys inoblidables. Completen l'àmbit familiar.

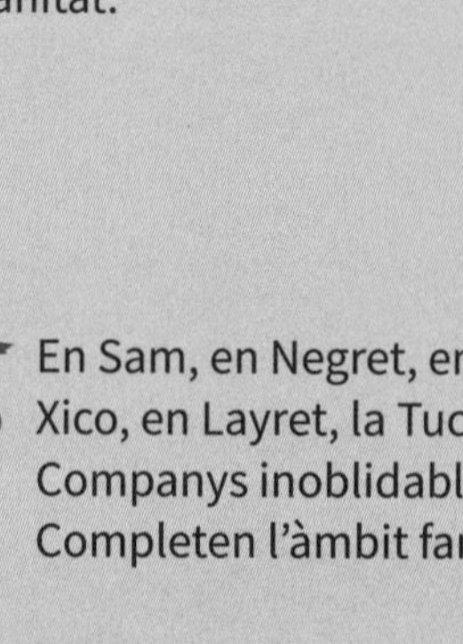

6 El número del mal, que per desgràcia ens trobem.

7 Braços del canelobre bíblic. La tradició més antiga de la nostra cultura.

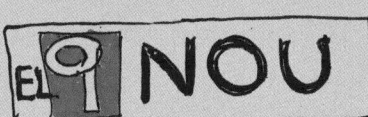

ÀLVAR DANA CLARA ÀLEX DANI KARINA MARTÍ ANNA

8 Motius fonamentals per voler un futur millor i lluitar per tenir-lo.

EL NOU La feina que m'ha permès opinar sobre la realitat del món amb veu adulta. Gràcies!

10 Manaments. Més que prohibicions, un programa de vida. Difícil? Cert. Engrescador? Oh, i tant. Impossible? Tot sencer, sí, però cal intentar-ho.

MOISÈS

MOMENTS ESTEL·LARS
de la meva vida

Hi ha moments, llocs i persones, no saps per què, que et queden gravats a foc roent a dins del cap. Per dir-ho d'alguna manera, són definitoris, són com l'esquelet de la teva vida. He recollit els meus aquí, també amb la il·lusió que els compareu amb els que han estat definidors de les vostres vides.

LA FAMÍLIA

ELS PARES — JO — IOIA — BETH — ANTONI — GERMANS — ELENA

La família et fa com ets i la meva és maca, perquè són, sincerament, bona gent. Ens estimem i són trempats com pèsols, o més.

- L'Antoni, el pare, és recte, culte i patidor, amb la llaga d'estómac activa a tota hora.
- L'Enriqueta és alegre i vital, i té un sentit de família descomunal.
- La Ioia és la gran, responsable, maternal i molt intel·ligent.
- La Beth és la segona, divertida, marassa, acollidora; una crac.
- L'Antoni de petit ja era coco, l'hereu en el bon sentit de la paraula.
- L'Elena serà sempre la petita, però ara és una gran mestressa de casa i una instagramer notable.

Moments estel·lars de la meva vida

El tio Miguel Ángel arriba escapat amb moto al meu bateig. Era el padrí juntament amb l'àvia Tura. Venia de despenjar una bandera catalana a Montserrat; era falangista. Premonició?

Amb el tio Pep, quan jo tenia dotze anys i la Pepa Blasco uns quants més, visitem París a fons, però de manera molt divertida. D'això pot venir la meva afició als viatges?

En plena adolescència, soc noia guia i omplo el cap a la meva mare amb les meves aspiracions de justícia social, a les quals encara ara no he renunciat.

En Joan, que és un trasbals encisador en la meva vida, m'ensenya a estimar Catalunya d'una manera activa.

... això sí, dibuixo i dibuixo sense parar, i, fins i tot quan soc vella, dibuixo i dibuixo sense parar.

Moments estel·lars de la meva vida

Quan en Joan va tenir l'accident, no em va ni passar pel cap que es moriria. El pobre tio no ho va fer per estar 30 anys més amb mi; era bon malalt i es va morir amb tranquil·litat després d'haver tingut molts mals.

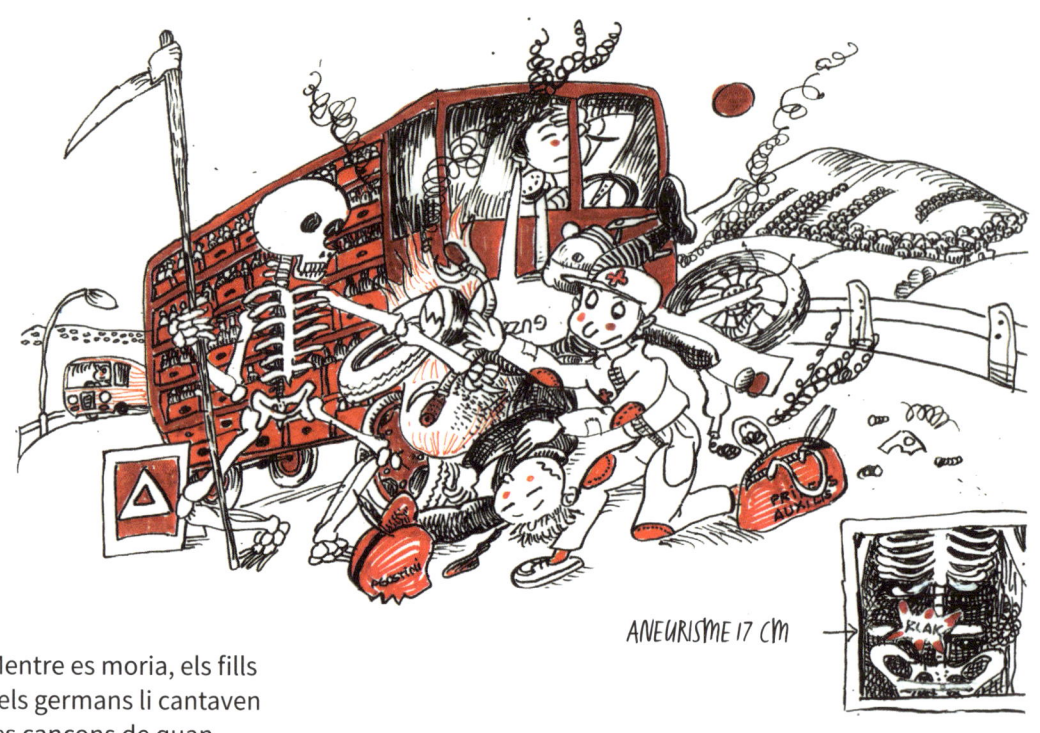

Mentre es moria, els fills i els germans li cantaven les cançons de quan eren petits que tant li agradaven.

ANTONI BAYÉS VAYREDA

El pare es llevava d'hora per anar a visitar els malalts. Estava molt pendent d'ells, tenia un altíssim sentit del deure.

ENRIQUETA DE LUNA MARGENAT

Encara que es va fer molt vigatana, era molt feliç a Salou: era el seu centre vital.

A can Bayés ens hi convidaven tot sovint i, quan en Joan va tenir l'accident, cuidaven els nens a mitges amb els altres avis.

CAN BAYÉS

No és la nostra casa pairal d'origen. La va comprar el besavi Antoni Bayés Fuster quan va venir de Tona i es va establir com a metge a Vic. Quan érem petits, vivíem al segon pis. Els dies solemnes baixàvem al primer pis a dinar. Allò era un festival gastronòmic elegant però mesurat. El jardí amb fruiters i les golfes i la teulada eren els territoris que exploràvem amb l'Antoni. Una minixauxa! Hi vam ser molt feliços!

Moments estel·lars de la meva vida

Salou era la llarga sortida anual de vacances que fèiem amb la família de la mare, molt diferent dels avis de Vic. Va ser on vam aprendre a nedar i vam descobrir altres secrets de la vida social. I ens vam assabentar d'una de les grans notícies del segle XX.

Els nord-americans han tirat una bomba al Japó que ha posat fi a la guerra. Vaig tenir una imatge de la gent fugint amb animals i tot.

ESTIUS ANTICS

Precisament coincidint amb el final de la Guerra Mundial, torna la tia Sita, bessona de la mamà, de Bèlgica.

El seu marit, el tio Jopy, s'ha de quedar a França perquè el concepte de turista encara no existeix i ell és holandès. Així és com coneixem els Smit, uns cosins molt estimats. Quan venien, semblaven els Reis d'Orient, perquè encara que havien patit la guerra eren rics i generosos.

Els Saits de Gurb era el paradís.

En Candi llegia Guareschi.

En Josep jugava a tennis.

La Ioia, la Beth i la Roser aprenien a ballar.

Els altres resàvem el rosari.

L'Anna i jo érem cosines. Un dia se'ns va escapar alguna cosa líquida de tant riure.

A Borredà hi anem al setembre.

També resàvem el rosari amenitzat amb les actuacions còmiques del tio Pep.

FAMÍLIA SALA-CLAVERAS
On entro com a jove.

Uns pares, per a mi.

ANITA

RAFEL

GEMMA
Monja. Sanitat i franquesa.

ROSER
Monja americana i benefactora de cor.

IGNASI
Intel·ligent i burleta.

MIQUEL
Escolà de Montserrat.
Violoncel i totxo.

MONTSERRAT
Activista i cantant.

NÚRIA
Filòsofa cultural i sempre disposada a ajudar.

Moments estel·lars de la meva vida

MARIA PILAR
Intel·ligent i sensible.

JOAN MARIA
Humor, criteri i solidesa.

RAFEL
Inventor internacional.

ANNA
La moda i l'antiga Grècia.

JOSEP
Escolà de Montserrat. Les sortides de sol i les cabanes de camp són la seva dèria.

XAVIER
El petit. Arquitecte del tennis i dels gratacels.

MERCÈ
La tendresa inesgotable.

COL·LABORADORES D'AQUESTA LLAR
Familiars per mèrits propis

MARIA GRAN
Alta cuina i humanitat.

CASA PRÒPIA

L'arquitecte Joan Bosch, amic d'en Joan, havia fet els plànols per a un pis superbonic a dalt de Can Mateu, la botiga dels sogres. En Joan va dir que jo necessitava tenir un jardí. Amb una bossa petita vam anar a veure en Manel Anglada, arquitecte, que, amb la Pilar, ens tractaven com cosins en el millor sentit de la paraula.

Tinc 100.000 pessetes per fer una casa...

Bé, n'hi ha prou, sense calefacció.

Comencem, doncs.

Gràcies per fer-nos la casa.

Els paletes ens van ser còmplices i bons companys en la construcció d'una casa un xic diferent.

Com a casa, enlloc.

Per a nosaltres la casa era un lloc còmode i acollidor on, en el seu moment, hi vam cabre tots.

La casa, amb el pas del temps, va esdevenir un petit complex:
- Habitatge
- Garatge
- Cort de cavalls
- Estudi
- Piscina
- Hort

Tenir casa pròpia és un maldecap etern; un pis de lloguer és més senzill, si no estàs fix enlloc. Nosaltres, però, vam venir per quedar-nos.

FILLS

Moments estel·lars de la meva vida

MARIA
Vaig anar a recollir la prova d'embaràs ben marejada. El metge em va preguntar si estava contenta, i vaig contestar: "Sí".

La Maria, que sempre havia sigut inquisitiva i reivindicativa, em va dir això el primer dia d'escola:

ACLARIMENT
Després d'aquesta escena, l'Anna Espona i jo vam proposar a l'escola l'ensenyament en català.

Per què no m'has dit que de la cadira se'n diu silla?

PERE HORTELA, PORTADOR DE NENS A L'ESCOLA

En Joan i jo estàvem orgullosos de tenir una nena eixerida i xerraire, fins que la Maria va explicar les aspiracions professionals que tenia:

De gran vull ser ramera.

La meva nena

Glups!

Au!

ACLARIMENT: ramera de fer rams de flors, afortunadament.

Moments estel·lars de la meva vida

MARTÍ

Quan només tenia uns mesos, va fer tot un numeret. La Maria, d'un any i mig, ho va trobar notable. Jo ho vaig trobar esgarrifós i fins i tot perillós.

TRAJECTE TANCAT

En Joan, després del greu accident de moto que va tenir, va intentar encaminar els nens cap als cavalls. En va comprar un de vellet però molt maco, amb el qual en Martí anava a Can Malgoig, a Tavèrnoles (6 km). La bèstia, quan es cansava, s'ajeia una estona, que en Martí deixava passar tranquil·lament. Sempre ha tingut en molta consideració l'opinió equina.

Sospitàvem que en Martí, que era bo fent carreres, voldria ser genet professional. Quan va dir que volia ser ferrer, vam remoure cel i terra aquí i a França fins que vam trobar una escola a Hereford, al Regne Unit, on el van acollir molt bé. Després de tres anys va rebre el premi de final d'estudis de mans de la princesa Anna d'Anglaterra com a millor alumne de la promoció. Crec que la feina l'ha fet feliç malgrat la seva duresa i també ha pogut fer realitat el somni de ser genet.

Moments estel·lars de la meva vida

Era molt emotiu i estava molt orgullós del seu padrí, l'oncle Antoni. La Maria Clara, padrina consort, ens convida a veure la desfilada dels Reis a Barcelona amb els seus nens. Tots estaven molt contents, llevat quan a en Roger el posen a la falda del rei per fer la foto de record. Es devia pensar que el segrestaven, per la cara de terror que va fer.

Estant de vacances a Extremadura, ens avisen que hi haurà el judici de l'accident d'en Joan. Cal tornar a tota pastilla. Tot el sant viatge, de 21 hores, en Roger se'l passa fent rodar un botó que, per fi, cau, però havia fet un soroll de motor moltes hores, rrrnn, rrnnn... Aquest no era tant de cavalls, sinó de motos. Hi estava predestinat.

En el moment que es va plantejar el dilema amorós mare-Mazinger Z, vaig perdre amb gran tristor. Hi ha enemics imbatibles.

RECORDS ENTRANYABLES

Quan coneixem tres reis el mateix dia, admiració dels petits.

Ser aplaudida per una munió de xinesos desconeguts per haver pujat al capdamunt d'un temple a l'edat en què les àvies no surten de casa.

Una ventada s'emporta totes les il·lustracions d'un llibre i les xopa als bassals. Quan s'eixuguen, a la impremta de pet!

Quan cada u bufa el seu pastís d'aniversari sentint-se protagonista. Vivim sabent que el temps és fugisser, però té sentit.

L'arribada de la primavera és la constatació que el pacte que hem fet amb la natura s'ha renovat.

A vegades, la sort et fa un regal; amb les qualificacions dels estudis n'he tingut algun, i aleshores això m'ha estimulat a treballar més.

Moments estel·lars de la meva vida

Riure's dels capgrossos és treure una mica l'esperit contestatari que en el fons tots portem a dins. Em sembla que els fuets d'abans picaven més.

Cada any faig una capbussada a l'estiu que, incomprensiblement per a mi, té força repercussió mediàtica.

Amb l'Anna Espona i els cosins he buscat molts bolets. Els pocs que he trobat han estat amb una mica de trampa, però amb una gran emoció.

Canviar d'any és una sensació estranya, tot i ser repetida… Hi ha la sort de tenir un any més. I la incògnita de què passarà l'any que ve…

Un grup molt maco de Lloret ve a casa el dia de la Castanyada per dir un parenostre allà on és enterrat en Joan. Ho agraeixo infinitament.

Passar pels carrers buits després de la pluja esquivant bassals i respirant fort l'ozó atmosfèric.

A la missa del gall hi sol haver sempre un voluntari entre els nets que em fa companyia en la nit gebrada. Ho celebro molt. És un acte de solidaritat excels!

Moments estel·lars de la meva vida

FAMILIARS POLÍTICS

SÍLVIA ALONSO CABANÉ
No és pròpiament una persona; és un sistema solar amb astres i planetes que giren entorn del respecte del món natural i del bestiar en particular, i això té diferents traduccions…

MARIA CLARA GENÍS
La cuina és la resplendent metàfora d'un gran sentit pràctic posat al servei d'un engranatge patrimonial que funciona com un rellotge suís, gràcies a Déu.

ALBERT BOSCH RIERA
Tenir un gendre aventurer és tenir sempre l'ai al cor. També algunes satisfaccions sonades. En els intermedis es manifesta la presència d'un pare, d'un fill, d'un amic, i amb la Maria fa sempre una conjuminació perfecta. Què més pot demanar una sogra!

ORIOL CARBÓ
L'estimo perquè és un bon company de la Margarida i perquè ha sigut, és i serà un reconcentrat treballador de país en el sentit ampli i futurista del terme.

CONSOGRES

BOSCH I RIERA
A Sant Joan, a Barcelona o a Cap Sa Sal, són una família encisadora.

ALONSO CABANÉ
El pare va morir d'accident, però la Roser era una divertida capsa de sorpreses.

LATORRE TORRES
a dalt de les muntanyes. En Ferran, ensenyant el món a la Clara.

TARRIDA DEL MÁRMOL FIGUEROA
La Sonia i els seus pares són els exs més cordials i macos del continent europeu.

CUNYATS

ENRIC BRUIX SOLANES
Un germà gran tan acollidor que tant parlava d'ètica com de joc net al tennis i al bridge.

FRANCESC VALLVERDÚ I BORRÀS
El supermarit indiscutible abans i després de Balduí de Bèlgica, i amb tots els ets i uts.

CARLES VILA BESOLI
És el més jove dels cunyats, però el que té més arguments encara que no els prodigui.

Moments estel·lars de la meva vida

MIRABENT-SALA
Mai oblidaré com en Joan Antoni em va ajudar quan en Joan va tenir l'accident.

SALA CUCARELLA
La Maria Rosa sempre és el contrapunt discret i mesurat de l'exuberància d'idees d'en Rafel.

ANGLORA-SALA
Amb en Tati al capdavant en un periple molt interessant Mediterrània enllà.

SALA-SERRAHIMA
La Pilareta, serenor i bon rotllo a l'Aliguer, Folgueroles o Vic.

SALA-COLOMER
La Fina és mestra vocacional i activista cultural capaç encara de les heroïcitats més grans.

LES MUNTSES
De més caminaires i activistes que elles, no n'hi ha. Les seves visites no sempre són esperades desinteressadament.

BUJ-SALA
La Núria, la petita, molt combativa, va atrapar el marit més alt i bonhomiós, la molt xurrera.

SALA FERNÁNDEZ
L'Ignasi era el savi deixeble de Lacan i ha trobat una altra sàvia xula.

SALA PAGÉS
L'Estefania ha fet d'en Xavier un bon pare i un arquitecte tot terreny.

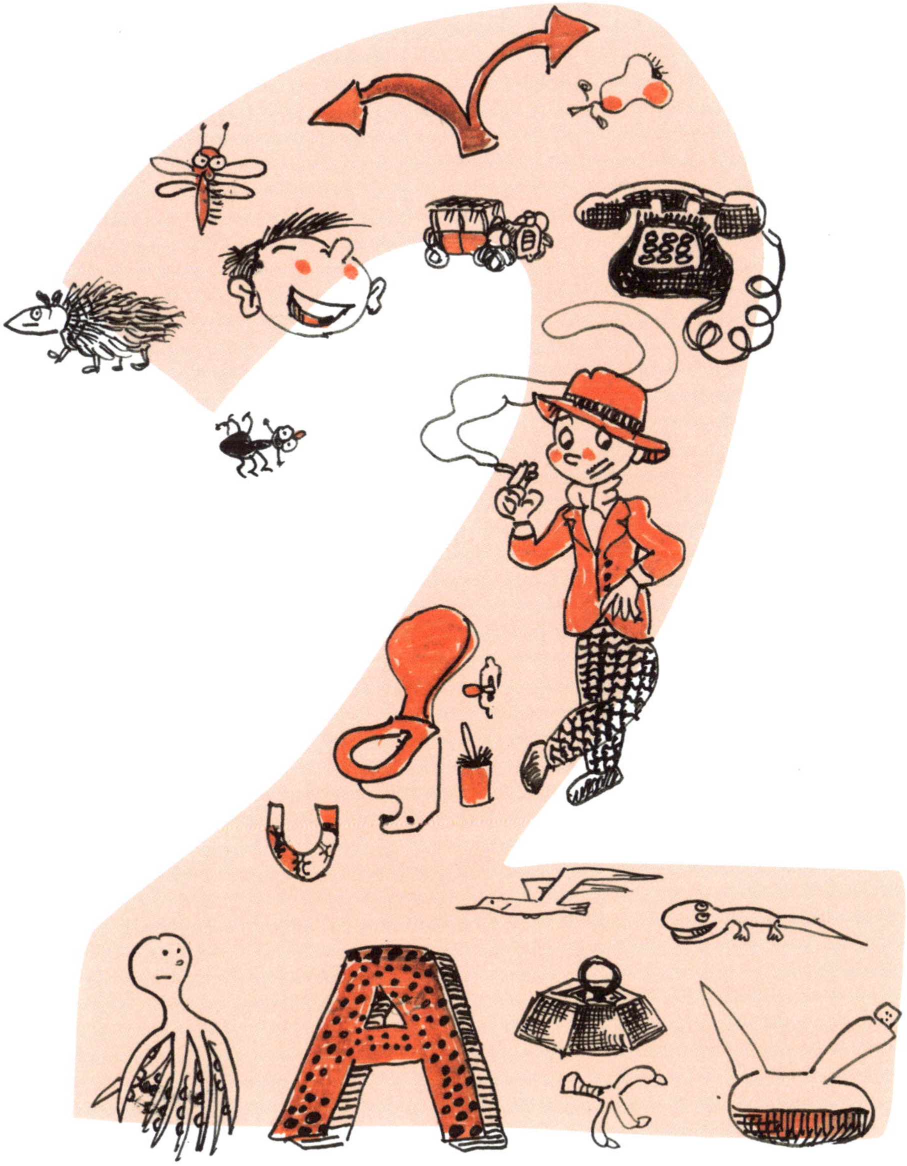

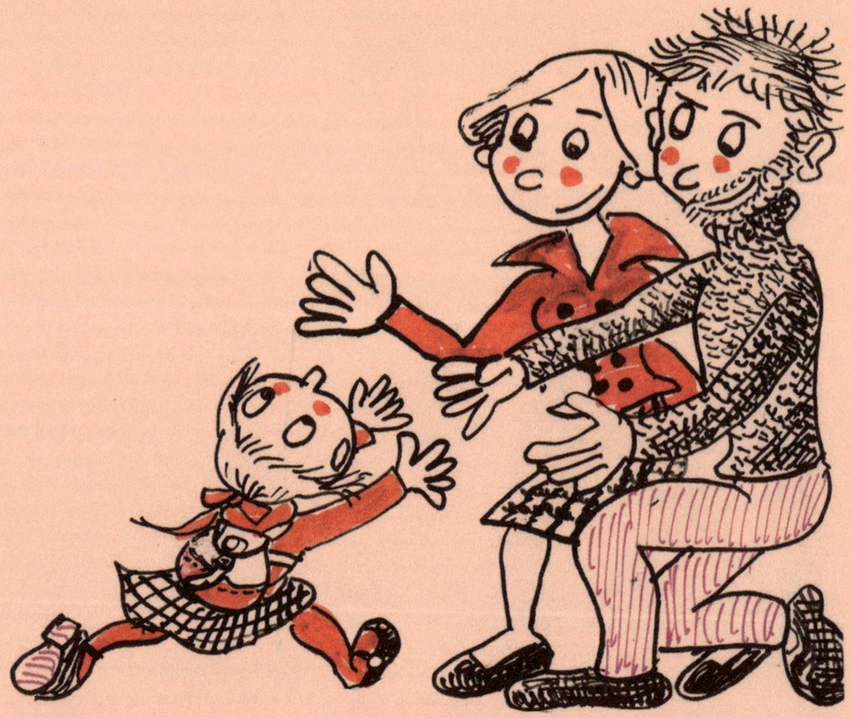

VIURE I CREURE:
els valors que m'acompanyen

Al llarg de la vida, aprens principis i te'ls fas teus, t'ajuden a funcionar: és el teu sistema de valors. De vegades són tan elevats que costa ser fidel al que tu mateix consideres el teu programa, però segueix sent el gran referent. Al cap dels anys, alguns valors que vaig aprendre de petita sovint m'han estat pràctics. Penso que en les pàgines següents m'entendreu.

ELS MANAMENTS DE LA LLEI DE DÉU

No adoraràs déus fets de metalls encara que siguin molt preciosos.

No diràs el nom de Déu en va encara que només fos pel punyeter costum.

Almenys deixa'm les accions del banc.
i les joies!
Tampoc.
Redeu, no pot parar de ploure?

Santificaràs les festes encara que el sermó sigui pesat a la missa.

Estimaràs el pare i la mare encara que Freud no hi estigui d'acord.

Us estimo!

No mataràs ni per una poderosa raó d'estat ni amb la benedicció d'un clergat subvencionat.

Viure i creure: els valors que m'acompanyen

No miraràs amb luxúria allà on no cal.

No prendràs les coses que tenen amo.

No diràs falsos testimonis.

No desitjaràs la dona del proïsme ni l'home tampoc.

No desitjaràs res, ni els béns del proïsme, i aquests manaments es resumeixen en dos: estimar Déu per sobre de tot i el proïsme com a tu mateix.

Viure i creure: els valors que m'acompanyen

SANTS TREMPATS

No soc de resar als sants, però he fet la tria dels que em semblen més simpàtics.

- Mare de Déu de l'Alegria.
- Nen Jesús fuster.
- Sant Gabriel, nunci de bones noves.
- El Bon Pastor.
- Sant Lluc, retratista de la Mare de Déu.
- Santa Llúcia de la bona vista.
- Jesús, company de tothom que pateix.
- Magdalena, la que estima Jesús.

Viure i creure: els valors que m'acompanyen

- Maria Assumpta al Cel.
- Sant Miquel dels Sants, patró de Vic. 
- Santa Anna, Sant Joaquim, patrons dels avis. 
- Santa Cecília dona gust a les nostres orelles. 
- Santa Clara, amiga dels animalons. 
- Àngel de la Guarda, no ens deixis mai. 
- Sant Eloi, que dona feina. 
- Francesc d'Assís, curador del món natural. 
- El pare Kolbe, que es canvia per un presoner condemnat a mort. 
- Mare Teresa de Calcuta, consciència espiritual d'avui. 
- Sant Jordi, patró.cat

Viure i creure: els valors que m'acompanyen

OBRES DE MISERICÒRDIA

Els nens que fan catequesi les coneixen. Per a mi són el gran programa per fer un entorn millor. Capgira la inèrcia del comportament humà, capaç només d'intercanviar favors.

Ensenyar al qui no sap.

— Pitja aquí, llisca... Ho veus, àvia?

Perdonar les injúries.

— Em sembla que ja he oblidat l'ofensa.

Corregir qui s'equivoca.

— Si vols anar a Sevilla, no vas bé!

Consolar qui està trist/trista.

— No s'hi capfiqui.

Donar un bon consell a qui l'ha de menester.

— Àvia, tinc tres pretendents...
— Si jo fos tu, triaria aquest que és de mitjana edat, poc pèl i gran patrimoni...

Tenir paciència amb els defectes del proïsme.

— Pobret fill meu, se li ha escapat...

Viure i creure: els valors que m'acompanyen

Pregar per vius i morts.

Hostatjar els peregrins.

Visitar i cuidar els malalts.

Vestir el nu.

Donar menjar a qui té fam.

Redimir els captius.

Donar beguda a qui té set.

Enterrar els morts.

Viure i creure: els valors que m'acompanyen

LES BENAURANCES

Per a mi és el text més definidor de les teories del natzarè. Allà, dalt d'un turonet, voltat dels que se l'estimen, llança aquests principis que superen la lògica humana. Els valents capaços d'aplicar a la vida aquests ensenyaments, per més difícil i contradictori que sembli, esdevindran feliços i triomfants. Això sí que és una revolució. Tota la resta són falòrnies!

Viure i creure: els valors que m'acompanyen

1 Dels pobres d'esperit serà el regne dels cels.

3 Els que ploren seran consolats.

2 Els humils posseiran la terra.

5 Els compassius seran compadits.

4 Els que tenen fam i set de justícia seran saciats.

Viure i creure: els valors que m'acompanyen

6 Els nets de cor veuran Déu.

7 Els que s'esforcen per la pau seran anomenats fills de Déu.

8 Els perseguits a causa de la justícia, d'ells és el regne de Déu.

SECCIÓN PRESAS POLÍTICAS

Feliços vosaltres quan per causa meva us insultaran, us perseguiran i parlaran falsament de vosaltres. Estigueu alegres i contents perquè la vostra recompensa és valuosa a dalt del cel, ja que de la mateixa manera van perseguir els profetes que us han precedit.

La Maria del Mercer, la nostra veïna els primers anys de casats, és una de les persones a qui he vist practicar millor aquests principis. Bona dona.

Viure i creure: els valors que m'acompanyen

CONFESSIONS DE PECATS CAPITALS

Reconèixer els pecats és imprescindible per fer un nou programa de vida.

BIS, BIS, BIS

Orgull? Sí, en certs moments.

Adeu, xata!
Ai, mira

Conèixer els problemes llunyans i pensar que no m'afecten és un pecat que confesso.

Luxúria... A hores d'ara no tinc gaires temptacions, però encara em fixo en l'estètica.

De museu

ÒSCAR DALMAU

Mandra, alguna vegada.

Cinc minutois més...

Gula, bastanteta.

Ai, la diabetis

Ira, poques vegades, alguna sí.

Sou racistes o imbècils?

Enveja sana, sovint; insana, de tant en tant.

Jo també tinc guants...

FEMME FATALE TITULAR

Desendreçament, pecat capital que té totes les ramificacions possibles en la meva persona.

Veure els problemes i no tenir prou voluntat o diligència per solucionar-los.

Avarícia, potser algun cop...

Al capdavall, el gran repte és saber perdonar i saber estimar també els enemics!

EL FILL PRÒDIG I EL PARE BO

Viure i creure: els valors que m'acompanyen

PROCESSÓ DEL PAPUS

Quan era petita, les processons eren el millor espectacle ciutadà. M'agrada anar-hi per l'anonimat, l'estètica i el sacseig emocional. És gran!

ARMATS

PAPUS, ENCAPUTXATS

IMPROPERIS

CREU ALÇADA

BANDERA

CREU GUARNIDA

Viure i creure: els valors que m'acompanyen

55

ESTENDARDS

PAS

PENDÓ

Viure i creure: els valors que m'acompanyen

LES VIRTUTS

Estan fixades fa anys i panys fruit del coneixement profund i exacte de l'ànima humana. Són virtuts que ens ajuden a comportar-nos de manera que contribuïm al benestar general i no fem gaire nosa.

PRUDÈNCIA

Cal no fer coses exagerades que comportin perill per a un mateix o els altres.

Jo volia votar.

JUSTÍCIA

Per sobre de l'obligació hi ha el desig d'actuar amb equidistància i proporció: acte-premi, acte-càstig.

TEMPRANÇA

Encara que hi ha elements que sembla que ajuden, si se'n fa un abús porten a desoris greus. Cal saber mesurar-los.

FORTALESA

Quan sembla que les circumstàncies són insuportables, cal sobreposar-se per a un bé major.

Viure i creure: els valors que m'acompanyen

COSES DE LA VIDA

A vegades estem ben tranquils i els esdeveniments se'ns tiren a sobre. Aleshores és difícil jutjar i prendre decisions encertades. Cal entrenar-se per fer-ho bé.

Bruixa peluda!

Violència masclista: no mirar tant la pel·lícula *Gilda*.

O jo soc massa llarga, o tu ets massa curt. Això pot ser un hàndicap per al nostre amor?

De fet, som bastant iguals, nosaltres.

La veritable consciència és que al capdavall tots som persones.

Deixa el llit fet, Sergi!

Escoltar més el que diuen les àvies i els avis.

No passa res, si ets gai.

Àvia, ets la millor dona que he conegut.

... s'han de desterrar prejudicis, la realitat s'ha d'imposar.

Això de la Covid, jo ho soluciono en tres segons.

Opinar amb les vísceres fa fer el ridícul més gran.

Cadascú té el seu criteri. **Però jo tinc la raó.** **Cal fixar-se en els detalls.** **Tira, tira.** **Jo he treballat 30 anys en el tema.**

Caldria opinar després d'escoltar un entès i no xerrar per xerrar.

Viure i creure: els valors que m'acompanyen

ESTATS D'ÀNIM

EUFÒRIA
És clar!

Goool! Gol!

ENFURISMAMENT
Mala lluna en paroxisme

ADMIRACIÓ
Quan reconeixes superioritat en alguna cosa.

Que xula!

ODI
Disgust exagerat per un greuge, premeditat o no.

M'has fet mal! *Perdó. No ho volia fer.*

AFECTE, EMOCIÓ I TENDRESA
Et ve quan trobes algú estimat que no veies feia temps.

LLEVA DEL 38

TRISTESA
Com un núvol interior que tapa el sol de l'alegria.

OPTIMISME
Esperar fer allò que vols que passi.

Governarem per fer polítiques feministes.

TRIBUNAL DE JUSTICIA DE ESPAÑA

INDIGNACIÓ
Reacció molt forta davant d'un tema que trobes injust.

GRATITUD
Reconèixer quin bé t'ha fet algú altre.

Fa mal, però és per al seu bé. *Gràcies.*

IMPACIÈNCIA
Sentir una necessitat i no poder satisfer-la.

Va, vinga, que no puc més!

Viure i creure: els valors que m'acompanyen

SATISFACCIÓ
Quedar complagut amb la constatació d'un resultat.

"Està ben acabat."

ENVEJA
Viure amb dolor els béns dels altres.

"L'hi robaria tot."

AMOR
Quan les sagetes de Cupido han fet diana.

VENJANÇA
Com a resposta d'un greuge, real o no.

"T'ho mereixes."

PLAER
Sensació de plenitud joiosa dels sentits per estímuls adients.

"Aquesta òpera m'ha agradat."

"Diuen que és molt burro."

GELOSIA
Saber greu que els que estimes apreciïn qualitats d'altri.

• Els estats d'ànim es constitueixen amb l'ajuda de circumstàncies particulars, però essencialment expressen el més íntim i potser amagat dels nostres sentiments en moments concrets de l'existència. Val a dir que són inescrutables...

BLA. BLA. BLA. BLA. BLA. BLA. BLA. BLA. BLA. BLA...

Viure i creure: els valors que m'acompanyen

SEGLE XX

Quan neixo, la Guerra Mundial és al punt més àlgid. La pau fa pensar en un món millor malgrat el nostre franquisme endèmic. Hi ha molta feina per fer, però ja tenim democràcia, a veure si…

MARE HISTÒRIA · TIETA ANÈCDOTA

POSITIU | **NEGATIU**

- La incorporació de les dones a moltes feines.
- Menys respecte a la gent gran.
- Preocupació pel benestar infantil.
- El diner, màxim valor en la vida pública.
- Més llibertat en les relacions personals. *"Aviat els pares es casaran."*
- Nul respecte per la natura. (NOVA CARRETERA 236)
- Una certa emulació entre capitalisme i comunisme per donar més bona vida a la gent. (CAIXA)
- No fer cas de les institucions internacionals. *"Fora el colonialisme!"*
- Normalitzar qualsevol manera d'estimar.
- Part d'aquest temps han manat dictadors.
- Alguns països decideixen el seu destí. *"La mare!"* URSS
- La pobresa no ha estat eliminada.

Viure i creure: els valors que m'acompanyen

SEGLE XXI

Arriben millores per al món gran i per a nosaltres, els catalans, que hem après a buscar-les pacíficament sense defallir. També arriba la Covid-19.

MARE HISTÒRIA — TIETA ANÈCDOTA

POSITIU / **NEGATIU**

Positiu: Algunes dones ocupen alts càrrecs a la política i l'economia.
— Particular - general
— MERKEL. LA MILLOR.

Negatiu: L'insult s'apodera de la política.

Positiu: Ens anem acostumant a ser una societat multicultural.
PROJECTE

Negatiu: Ens tanquem en les nostres cabòries.
— No hi ha res a fer...

Positiu: S'hauria de parlar més per resoldre els problemes.
— La taula és bona.
— Ho sembla.

Negatiu: Ens jutgen jutges poc equànimes.
PREJUDICI · PREJUDICI · PREJUDICI · PREJUDICI

Positiu: Cal assumir més responsabilitat i disciplina.

Negatiu: No pensem en la lletra, sinó en l'esperit de les lleis.
— NO
3er GRAU

Positiu: Cal tenir reconeixement per als qui treballen per nosaltres.

Negatiu: Donem les culpes de tot el que passa als altres.
— Ningú no m'ajuda...
ESTADÍSTIQUES

— Aviat ho arreglarem.
No perdem l'optimisme.

Caure en el pessimisme.
— Això no té remei.

Viure i creure: els valors que m'acompanyen

COVID-19

JA SOC AQUÍ

Havia de dir alguna cosa sobre aquesta maleïda pandèmia que és protagonista no volguda de les notícies.

— Ja l'hem fotuda.
— I ara, què?
— Segur que Madrid no ho confinen.

CAL PORTAR MASCARETA.

— A Madrid ho fan millor.
— Inconscient!
— Òndia, la mascareta!
— Antisocial
— Trumpista de merda

CAL RENTAR-SE LES MANS SOVINT.

— Veus, maco, fins i tot les velles a punt de morir se les renten ben netes...
— Es morirà ara mateix?
— A Madrid ho fan pitjor.

CAL GUARDAR DISTÀNCIES.

— Ni un centímetre més.
— Ricard, no et sento...
— Vols que t'ajudi?

Viure i creure: els valots que m'acompanyen

MÉS ENLLÀ DE LA COVID-19

ÚS OBLIGATORI DE MASCARETA

— Com que he comprat la mascareta, ara no puc pagar cap tomaca.

— Con esta máscara de justicia femenina daré el pego.

TOT SOVINT MANS NETES

— Per anar a veure l'avi, tot!

— Nos llaman manos impecables. Yo diría mejor manos liantes.

A POR ELLOS, ¡OE!
PROVES FALSES
DENÚNCIA
REBEL·LIÓ   SEDICIÓ   TERRORISME   CARNE

GUARDAR DISTÀNCIES

— Quina murga...
— Oh, i tant!

— No odiem ningú, però voldríem una distància del regne d'Espanya...

63

DROGUES I ALCOHOL

Algú em demana l'opinió sobre aquest tema. Em costa, perquè no en tinc experiència personal —quan jo era jove no en corrien gaires, de les substàncies que després van ser comunes, en el meu entorn no hi havia aquest hàbit, i els pocs casos que coneixia de consum m'havien fet llàstima i por.

Es fan rics aprofitant la ingenuïtat dels que esperen la dosi per tirar endavant. Són gent dolenta.

Et desconnecta del món real.

La salut se'n ressent a curt termini. Després et cauen les dents. Acabes malament.

Cal acció per fugir d'aquests paranys. Tenen tanta força perquè semblen claus automàtiques per a la felicitat. Cal que hi hagi reflexió, informació, sentit comú.

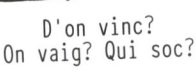

És ben normal tenir dubtes existencials.

Anem per feina i pregunta't: què vull fer amb la meva vida?

Com contribueixo al bé de la societat?

ÚLTIMS CONSELLS ALS NETS

Sigueu apassionats i sincers a l'hora de defensar les vostres idees, però no feu que la vostra convicció sigui una barrera de fanatisme enfront d'altres posicions. A vegades, amb diàleg i bona voluntat, poden resultar no tan allunyades.

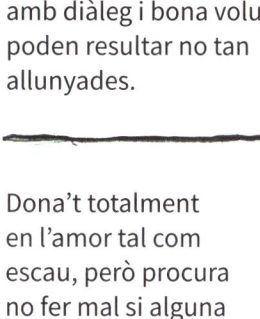

Dona't totalment en l'amor tal com escau, però procura no fer mal si alguna cosa falla. Ara bé, no permetis mai per mai que, de mal, te'n facin a tu.

Gaudeix al màxim del món, és la casa de tots. Per això mateix cal cuidar-lo, i també els altres veïns.

Procureu servir per a alguna cosa concreta aviat.

Mai de la vida menyspreïs ningú, i menys un que, per les circumstàncies que sigui, sigui més feble que tu, o ho sembli.

He de confessar un secret: donar consells és molt fàcil, massa.

3

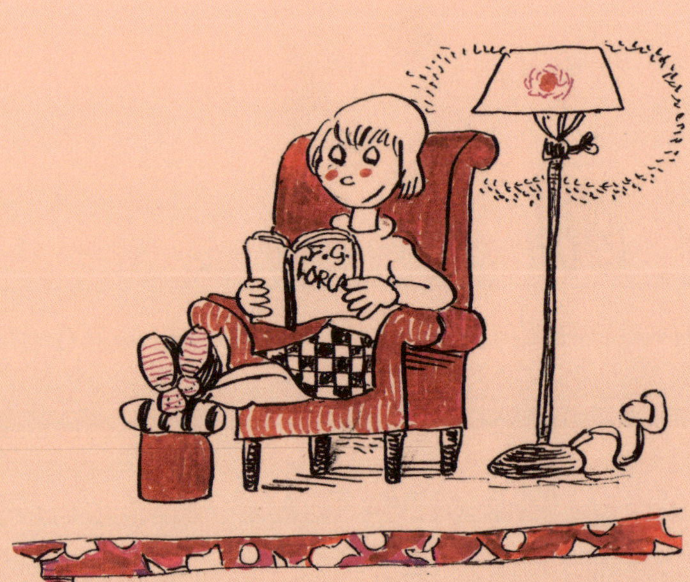
F.G.

LA POESIA:
jugar amb les paraules

La poesia té un poder de síntesi immens: amb poques paraules aconsegueix dir-nos coses noves i impactants. Aquí recopilo alguns jocs de paraules i poesies que han estat especialment emocionants per a mi. Penseu en quines han sigut les més emotives per a vosaltres.

LA POESIA TEVA-MEVA

El poeta fa servir paraules corrents en les converses diàries, però les col·loca de tal manera que, dient coses molt transcendentals, no li cal ser llarg per dir-les i sonen a les orelles com si fossin música. Llavors te les fas teves.

Verde, que te quiero verde...

*Era un dia al dematí,
dematí d'il·lusions belles,
l'església n'era un jardí
i vosaltres les poncelles.
Poncelletes que heu nascut
de l'arbust de la innocència
per honrar Déu infinit
i gaudir de sa presència.*

En Candi Espona va fer aquest vers per a la comunió de l'Anna Espona i meva.

Yo sé un verso monísimo para tu recordatorio.

Es que Candi ya tiene un verso...

L'àvia materna va venir de Canàries amb aquest vers:

*Jesusito mío
que en la hostia estás,
para mí te quiero,
para mí serás.*

Quina cursilada! Quina pífia! El d'en Candi sí que era bo...

¿Quién le lleva la contraria a Mamita?

(A l'àvia li deien Mamita.)

La poesia: jugar amb les paraules

Sojorn pairal de clàssica motllura
aquest carrer de traça i pedra dura
vivífic monument cisellat
troballa d'amistat i de saviesa
parella patriarcal que durà impresa
com dues pedres més de la ciutat.

M. DELS SANTS SALARICH TORRENTS

El tio Pep va fer aquest vers quan l'Anna Espona i jo vam ser ties:

Venen dones tan novelles
que a les joves ens fan velles
sense gaires miraments doncs
tan sols en pocs moments
passant de la nit al dia
ens hem trobat que érem ties
de dones d'aquesta llei:
la filla de la Remei
i la Marta Bruix Bayés.
Adeu-siau, joventut.
Tururut,
qui gemega
ja ha rebut!

PEP CIRERA I PRIM

La poesia: jugar amb les paraules

Has d'aprendre a embogir serenament, amb paciència, sense rancúnia, ara que la tardor ja s'ha acabat i que la llum dins la llum s'oculta. Has d'aprendre a embogir sense enfarfecs a les andanes del capvespre, mentre passen les ombres sense pes i fent tentines.

LLUÍS SOLÀ I SALA

Coneixedor dels sentiments recòndits, progre a perpetuïtat.

És tard, me'n vaig a l'escola
la teva nau s'engega,
ens tornarem a veure?
pregunto amb emoció.
MIC-MOC, PLIC-PLAC, FLIC-FLOC
Potser en somnis…
dels teus ulls de maragda
surten llàgrimes d'oli els meus espurnegen
la nau es va allunyant.

CARME ROURA

Ella porta la poesia a l'ADN i ha aconseguit portar-la a la vida social i a la universitat.

EL GOS INVISIBLE

Sisplau, no descavalquis mai del somni!
Porta el teu somni sempre amb tu
que cap mal aire ni ningú
te'n descavalqui en mala anyada.

PILAR CABOT

Llibretera i activista catalana i feminista.

BEBIE
FERRER
ARMAND QUINTANA

Aixeca ton vol amb ells
sobre el front d'eixes muntanyes,
i volant, tu, cel amunt
fes-hi volar moltes ànimes.*

JAUME MEDINA

*Es refereix al bisbe Torras i Bages.

Amb un gran historial acadèmic, ha anat escrivint fins que ha agrupat una obra sòlida i ben travada.

La poesia: jugar amb les paraules

*Fer poesia com un llaurador,
llaurar com un poeta.*

A Montserrat tot plora,
tot plora d'ahir ençà,
que allí a l'Escolania
s'és mort un escolà.
L'Escolania, oh Verge,
n'és vostre colomar:
a aquell que ahir us cantava,
qui avui no el plorarà?

En caixa blanquinosa
mirau que hermós està,
n'apar un lliri d'aigua
que acaben de trencar.
Té el violí a l'esquerra
que solia tocar,
lo violí a l'esquerra,
l'arquet a l'altra mà.

JACINT VERDAGUER

Les meves germanes, quan jo era petita, em llegien el vers de mossèn Cinto "La mort de l'escolà", perquè automàticament jo esclatava a plorar com una Magdalena.

La poesia: jugar amb les paraules

Y es que Andalucía
es una señora de tanta hidalguía
que apenas le importa "lo materiá".

Ella es la inventora de esta fantasía
de comprar y vender y mercar
entre risas, fiestas, coplas y alegría
juntando a la par
negocio y poesía...
La feria es un modo de disimular.

Un modo elegante
de comprar y vender.
Se lo oí decir a un tratante:
—Hay que ser inglés
pa hacer un negocio

poniéndole a un socio
un parte con veinte palabras medías,
que cada palabra cuesta un dinerá.
"Compro vagón muelle cinco tonelás.
Stop. Urge envío..." ¡Qué cursilería!
En Andalucía
con veinte palabras no hay ni pa empezá...
¡Que al trato hay que darle su poco de sá!...

Lo de menos, quizás, es la venta.
Lo de más, es la gracia, el aqué,
y el hacer que no vuelvo y volvé,
y el darle al negocio su sal y pimienta
como debe sé.
Negocio y poesía: ¡Feria de Jerez!
¡Rumbo y elegancia de esta raza vieja
que gasta diez duros en vino y almejas
vendiendo una cosa que no vale tres!

JOSÉ MARÍA DE PEMÁN

Aquest vers el van aprendre les meves germanes Ioia i Beth de les monges de Jesús Maria. És un programa econòmic de déu-n'hi-do... Per sort, elles han estat grans administradores, negociants eficients, i fins i tot han acabat amb èxit aventures financeres.

La poesia: jugar amb les paraules

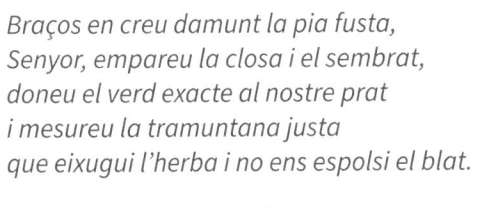

Braços en creu damunt la pia fusta,
Senyor, empareu la closa i el sembrat,
doneu el verd exacte al nostre prat
i mesureu la tramuntana justa
que eixugui l'herba i no ens espolsi el blat.

CARLES FAGES DE CLIMENT

No me mueve, mi Dios, para quererte
el cielo que me tienes prometido,
ni me mueve el infierno tan temido
para dejar por eso de ofenderte.

Tú me mueves, Señor,
muéveme el verte
clavado en una cruz y escarnecido,
muéveme ver tu cuerpo tan herido,
muévenme tus afrentas y tu muerte.

POETA DESCONEGUT

La poesia bona és bonica en el seu idioma original. També dibuixa les diferències culturals que donen forma a les comunitats. Els catalans diem Mare de Déu en comptes de Verge, i per poder dir que som més exagerats que ningú: no diem "fer pipí" sinó "fer un riu". Aquesta és una observació del meu germà Antoni.

La poesia: jugar amb les paraules

Vigila, esperit, vigila,
no perdis mai el teu nord,
no et deixis dur a la tranquil·la
aigua mansa de cap port.

JOAN MARAGALL

Poema predilecte del meu germà Antoni.

Con diez cañones por banda,
viento en popa a toda vela,
no corta el mar, sino vuela,
un velero bergantín;
bajel pirata que llaman
por su bravura el Temido,
en todo el mar conocido
del uno al otro confín.
La luna en el mar riela,
en la lona gime el viento
y alza en blando movimiento
olas de plata y azul;
y ve el capitán pirata,
cantando alegre en la popa,
Asia a un lado, al otro Europa,
Y allá a su frente Estambul.

JOSÉ DE ESPRONCEDA

Rosa de gener, rosa de febrer,
rosa d'abril encara,
ets per tots una mica de mare.

Vers que en Joan va fer per a la meva germana Maria Rosa.

Tot està per fer
i tot és possible.

MIQUEL MARTÍ I POL

Són siluetes humils esforçades
resignades o potser també amb
una rebel·lió que no han pogut
exterioritzar.

PERE VINYOLES I VIVET

La poesia la trobem a tot arreu on algú ha estat capaç de verbalitzar-la.

DITES POPULARS I FRASES FETES

La poesia: jugar amb les paraules

To be or not to be, that is the question.
WILLIAM SHAKESPEARE

Hi ha més dies que llonganisses.

No es pot estar repicant i a la processó.

No fa pobre ni fa ric arribar-se fins a Vic.

He mort el llop.

A la taula d'en Bernat, qui no hi és, no hi és comptat.

CONSELL DELS CONSELLS DE CENT

ÀNGEL GUIMERÀ

La poesia: jugar amb les paraules

Pel maig, cada dia un raig.

No hi ha pitjor sord que el que no vol escoltar.

Quien bien te quiere procura que no llores.

Quien bien te quiere te hará llorar.

La ingeniería no es para ti, cariño.

Qui no vulgui pols, que no vagi a l'era.

¡No!

Roma locuta, causa finita.

La poesia: jugar amb les paraules

Qui de jove no treballa quan és vell dorm a la palla.

En Joan deia: Quan és vell no està cansat.

No por mucho madrugar amanece más temprano.

En Guardiola contradiu aquesta dita castellana.

No diguis blat fins que sigui al sac i ben lligat.

Com més serem més riurem.

Posar el carro davant dels bous.

Què falla?

Ho hem vist a tall particular, social, polític, de totes les maneres.

Gairebé sempre.

La poesia: jugar amb les paraules

La hipocresia és l'homenatge que el vici fa a la virtut.
OSCAR WILDE

"Mal de panxa"

No vulguis per a ningú allò que no vols per a tu.
PRINCIPI DE PRINCIPIS

"Après de moi la déluge..."
REI LLUÍS XV
Tant de bo no s'ho apliquessin molts polítics.

Donde fueres haz lo que vieres.

Una dita castellana tan bonica, alguns que venen de fora no la practiquen.

"Ja parlo català."

De porc i de senyor se n'ha de venir de mena.

"Em pensava que era de plàstic!"

"Només gasto Chanel núm. 5."
Caldria olorar-la per saber si és veritat.

Té molta terra a l'Havana.

DITA DE LA TIA ADELAIDA

Excusatio non petita, acusatio manifesta.

Clavat!

No s'ajunta un gaig amb una cadernera. Encara que un d'ells o tots dos siguin macos.

LA SENYORA I L'OLIVA
Basada en fets reals - Escrita per Pep Cirera

La poesia: jugar amb les paraules

1 Era el tiempo en que la dulce primavera
nos trae el despertar de los sentidos,
reverdece la tierra toda entera
y el calor aligera los vestidos.

2 Por motivos que hoy no son del caso
celebrábase en Olot una comida,
qué desastre, señores, qué mal paso,
qué cosas hay que ver en esta vida.

3 Entre muchos distinguidos comensales
don Francisco de Vayreda se sentaba,
a sus lados dos señoras muy formales
a las que con sus cuentos deleitaba.

4 La más gorda lucía un ancho escote
que mostraba la␣pelleja empolvorada
de su cuello, espaldas y cogote,
tres arrugas y otras tantas sotabarbas.

5 Al pinchar don Francisco una aceituna
se le fue como bala disparada
a meterse veloz e inoportuna
al regazo señoril de su invitada.

6 Se oyeron al instante grandes gritos,
ayes de horror, de pánico y cosquillas,
apretada entre el ombligo y las costillas
la aceituna daba giros inauditos.

La poesia: jugar amb les paraules

7 Nadie osaba meter mano en tal hondura,
solo un médico podía dar remedio,
con las pinzas de entremeses allá enmedio
no las pudo hacer pasar de la cintura.

8 No sabía descordarle aquel vestido,
abrochado por detrás con cien botones,
su refajo ajustado y muy ceñido,
su corsé con diez juegos de cordones.

9 Mossèn Bolós, que nada había oído,
al ver aquel extraño devaneo,
ignorando lo que había sucedido,
empezó a gritar: "¡Cielos, qué veo!".

10 Ya en plan de consulta el doctor dijo:
"Quizá con los amolls de la cocina
podamos llegar al escondrijo
donde se oculta la aceituna pelegrina".

11 Se llamó enseguida a la Roseta:
"Corri, vingui, porti lo que tingui:
Els amolls! Un ganxo! La paleta!
Una escombra, un semaler, lo que convingui!".

12 Los amolls fueron cortos, no sirvieron,
dejándola además enmascarada,
la caña de la escoba rompieron
de tanto forcejear sin lograr nada.

La poesia: jugar amb les paraules

13 La señora ya estaba medio muerta,
ya empezaba a perder el aliento;
don Francisco mandó abrir la puerta,
del terrado la sacaron al momento.

14 Con la cuerda del pozo en varios nudos
atáronle a las piernas las faldillas,
se mandó a los dos hombres más forzudos,
la cogieron subidos en dos sillas.

15 Cogida por los pies cabeza abajo
dijeron: "Un, dos, tres", y sacudieron;
difícil y pesado fue el trabajo,
como pueden recordar los que lo vieron.

16 Después de media hora de desvelos
deshaciendo el camino de su entrada,
salió rebotando por los suelos
la maldita aceituna liberada.

17 *Señores, si os ha gustado
y el cuento os ha divertido,
seu lo bueno aplaudido
y lo malo perdonado.
¡He dicho!*

El tio Pep escrivia en castellà els versos més
còmics, li semblava que el seu to altisonant
contribuïa a fer més notori l'impuls risible.
La senyora sembla que tocava el clavicèmbal
i tenia gran fama: Wanda Landowska.

FILOSOFIA

Amb els anys et vas fent una manera pròpia de pensar, que treus de la teva experiència i d'allò que culls d'aquí i d'allà. És la filosofia personal. Hi ha gent que s'apunta a una escola i la segueix al peu de la lletra. Els peripatètics, per exemple, escolten els mestres mentre caminen cap enrere.

Amb els sil·logismes bastim teories que ens serveixen per viure. Gràcies, Aristòtil!

Els sil·logismes ajuden… a vegades a fer-te un gran embolic!

BÀRBARA

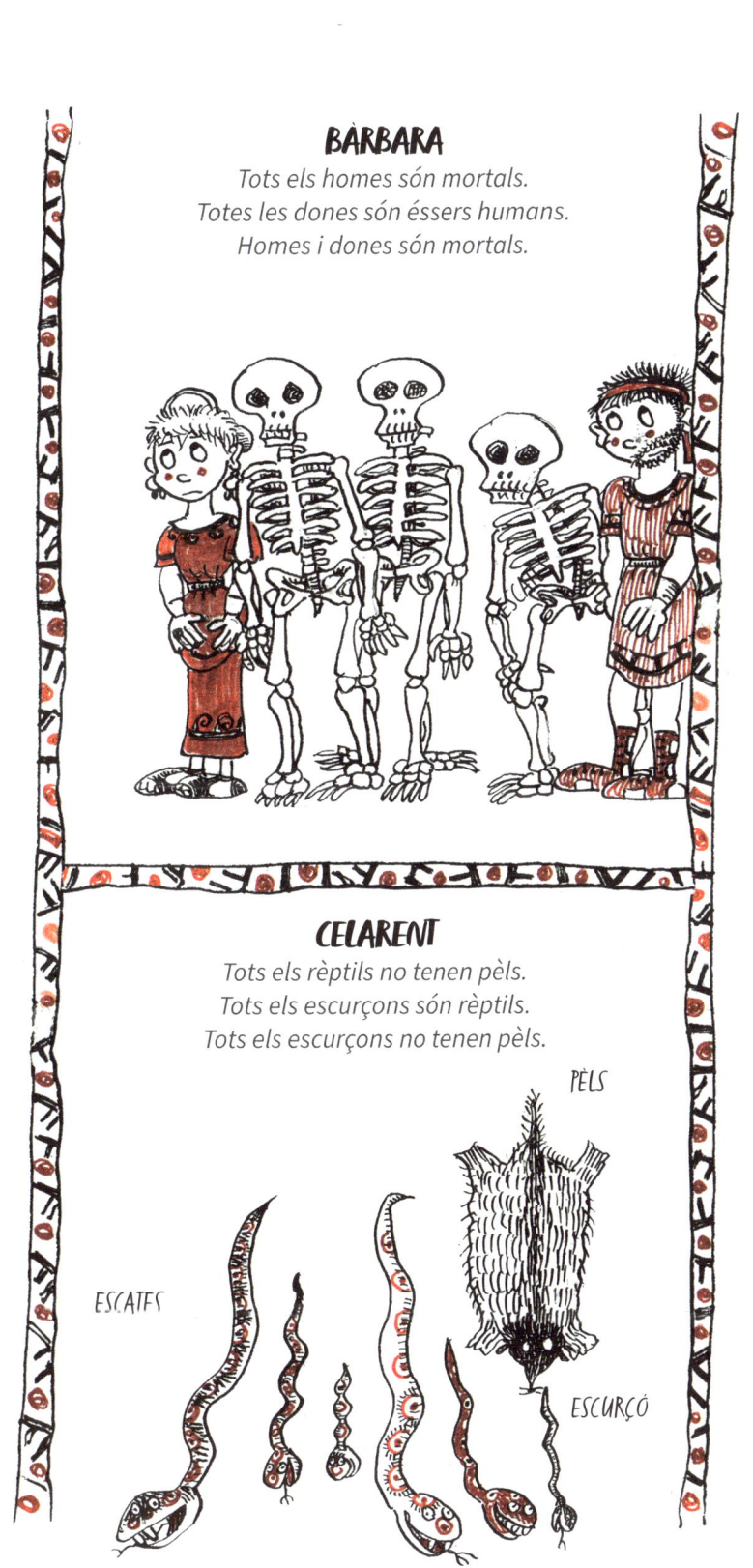

Tots els homes són mortals.
Totes les dones són éssers humans.
Homes i dones són mortals.

CELARENT

Tots els rèptils no tenen pèls.
Tots els escurçons són rèptils.
Tots els escurçons no tenen pèls.

PÈLS

ESCATES

ESCURÇÓ

La poesia: jugar amb les paraules

CAMESTRE
Tots els conills són comestibles.
Tots els conills no són dolços.
Tots els dolços no són conills.

BOCARDO
Alguns gats
són vegetarians.
No tots els gatons
mengen pastanagues.
Alguns gatons
no són gats (encara).

FERIO
Cap llibre és lluminós.
La Bíblia és un llibre.
Ergo, la Bíblia no és lluminosa.
Alguns llibres, la Bíblia més que cap, són lluminosos metafòricament.

DIMATIS
Tots els homes
són mortals.
No tots els mortals
són bons.
Alguns morts
no són bons.

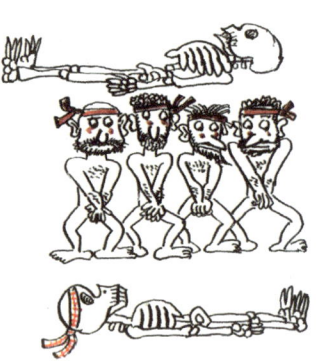

BAROCO
Tots els lloros femelles fan ous.
Alguns lloritos no fan ous.
Alguns lloritos no són lloros femelles.

DARIL
Tots els cocodrils
són rèptils.
Alguns rèptils acaben sent bosses.
Totes les bosses
no són cocodrils
ni tampoc serps.

La poesia: jugar amb les paraules

DIMATIS
*Tots els cavalls tenen quatre potes.
Els homes tenen dues cames.
Alguns homes tenen quatre potes.*

FELAPTON
*Totes les flors no són carnívores.
Totes les flors fan la funció clorofíl·lica.
Algunes flors que fan la funció clorofíl·lica no són carnívores.*

DARAPTI
*Si tots els nens i nenes són entremaliats,
si tots són distrets,
alguns entremaliats són distrets.*

Els polítics sovint són els malabaristes dels sil·logismes. Falsos, enganyosos, mentiders, però també promotors de canvis per fer avançar el món.
Ep, hi ha polítics de bona fe que també tenen bona retòrica.

És curiós que en aquesta cruïlla de segles on la tecnologia fa furor, els recargolats sil·logismes triomfen com mai, i si no, fixem-nos en Trump, Bolsonaro o Johnson, per no parlar dels més propers...

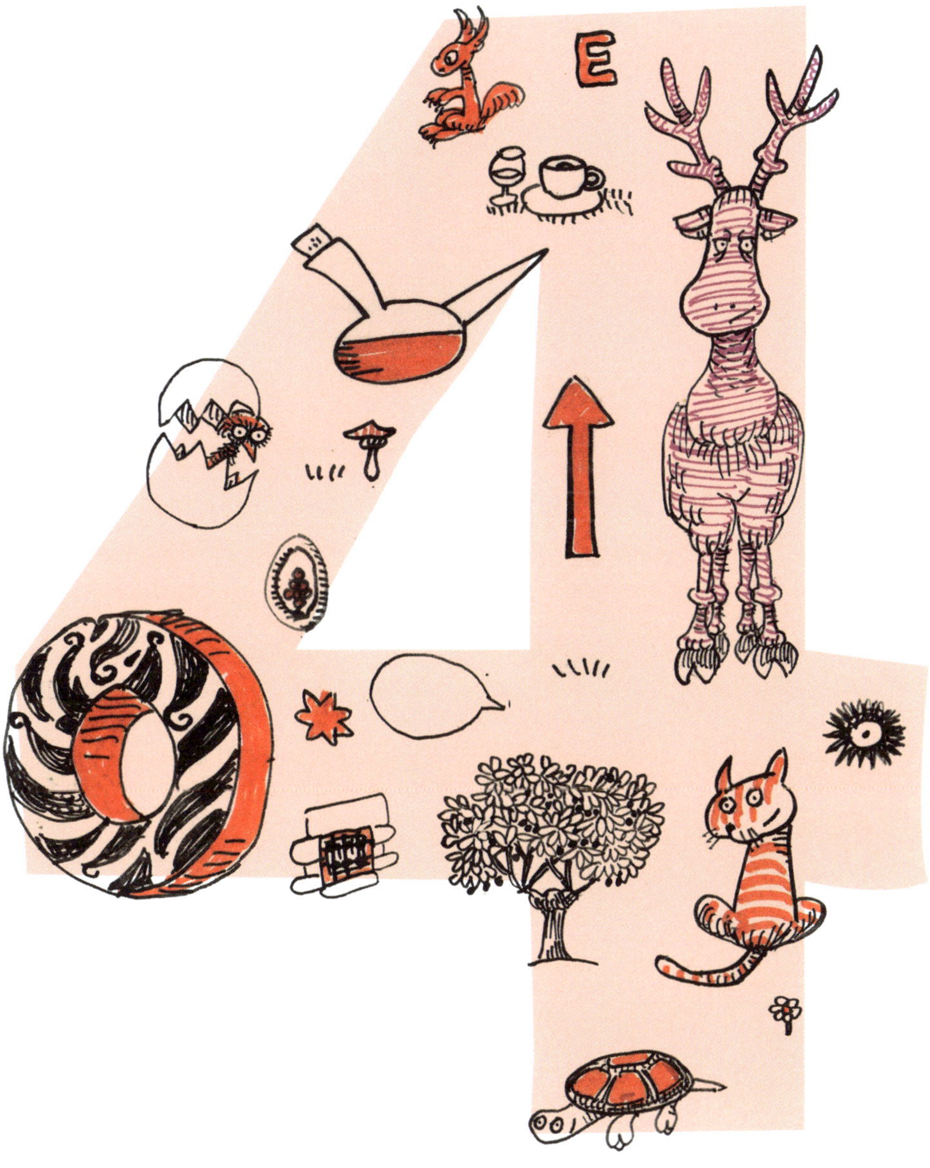
E

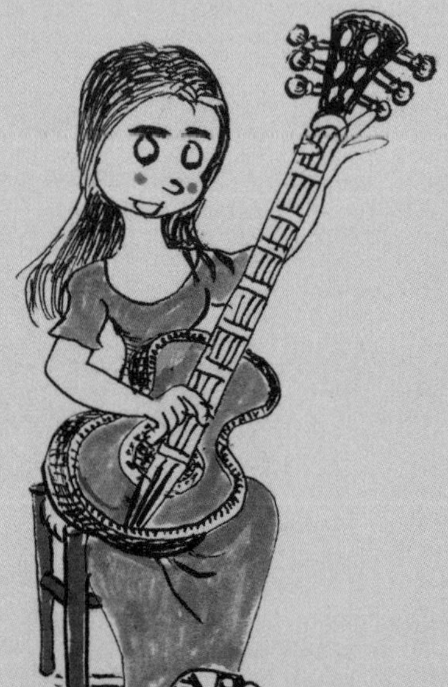

LES ARTS
i els artistes

Tota la gent que ha fet de l'art el seu motiu de viure ens ha deixat un llegat preciós, a més del testimoni del seu temps. Mereix el meu agraïment més profund. Repasso la meva llista, però segur que m'he deixat gent, o que vosaltres n'afegiríeu o en trauríeu algun.

Les arts i els artistes

CREADOR ÉS DÉU

Els humans fem art —art d'artifici, cosa feta per persones, encara que sigui manipulant elements naturals: pedres, colors, llum, sons...

Llavors ve la màgia, perquè aquesta manifestació provoca emocions, reflexions i plaer en la gent que la gaudeix. En aquest sentit, l'art esdevé un bé de primera necessitat per a les comunitats humanes. Podem viure sense art, però tenir-ne les defineix i les fa grans als seus propis ulls i als dels veïns.

Això sí, els artistes potser són els més retorçats, estrambòtics, narcisistes i divertits dels éssers humans.

Parlem-ne!

Les arts i els artistes

Les arts i els artistes

LA CREATIVITAT

És aquell impuls que no saps d'on ve, però que finalment cristal·litza en una obra d'art més o menys valuosa segons el talent que hi has posat i com ha estat entesa pel públic. Aquest últim punt és clau per arribar a tenir una obra, sobretot si és gran. Cal que algú hi posi calés, un mecenes. Per dir-ho resumit: sense el comte de Güell, no hi ha Gaudí.

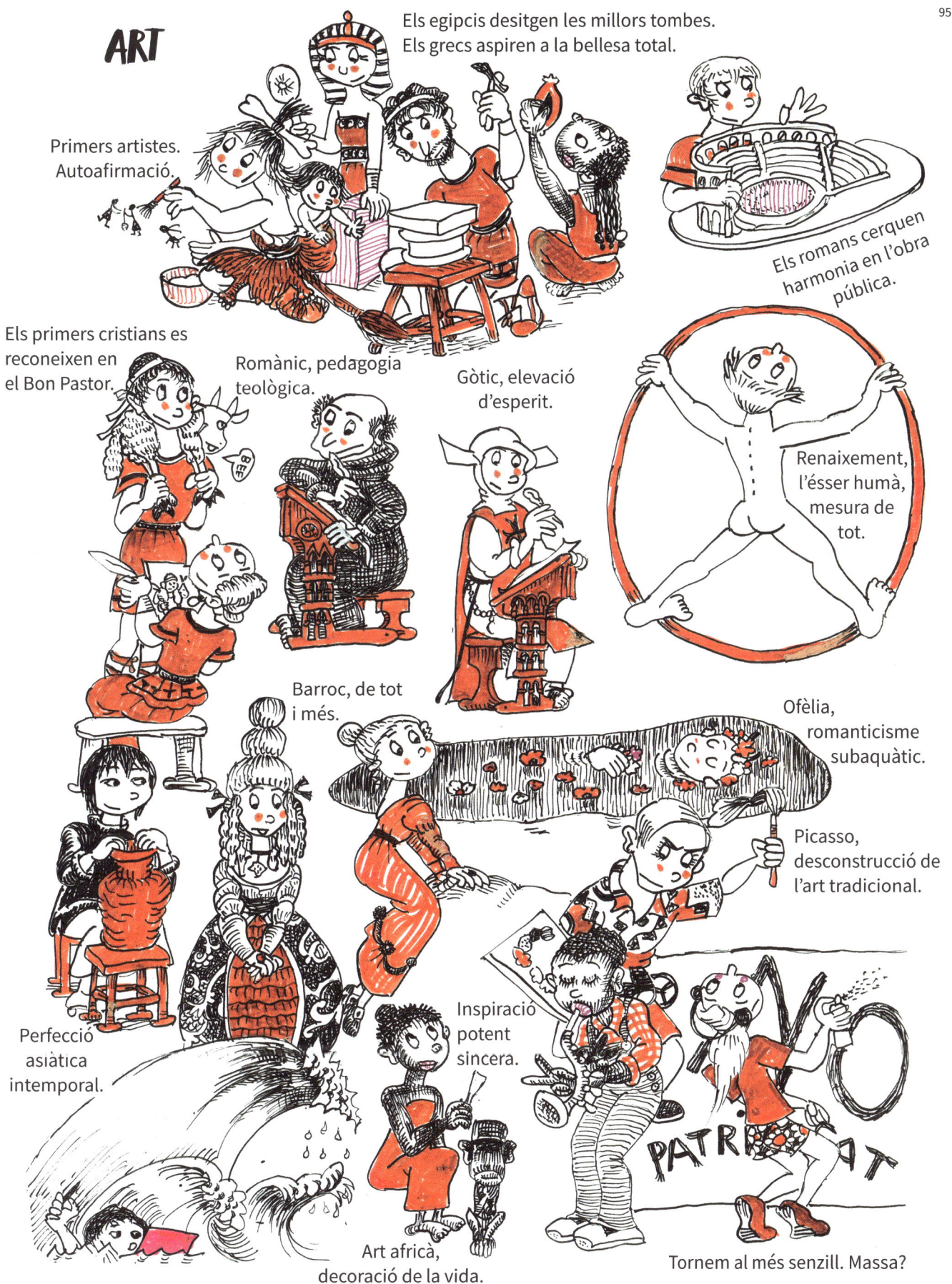

Les arts i els artistes

ART

Primers artistes. Autoafirmació.

Els egipcis desitgen les millors tombes.
Els grecs aspiren a la bellesa total.

Els romans cerquen harmonia en l'obra pública.

Els primers cristians es reconeixen en el Bon Pastor.

Romànic, pedagogia teològica.

Gòtic, elevació d'esperit.

Renaixement, l'ésser humà, mesura de tot.

Barroc, de tot i més.

Ofèlia, romanticisme subaquàtic.

Picasso, desconstrucció de l'art tradicional.

Perfecció asiàtica intemporal.

Inspiració potent sincera.

Art africà, decoració de la vida.

Tornem al més senzill. Massa?

Les arts i els artistes

ELS MÚSICS

Cants populars, carnet d'identitat d'un poble.

El músic popular que dona alegria a les festes dels pobles.

La mare bressola el petit amb una cançó apresa de l'àvia.

LLUÍS LLACH
La veu del que volem ser.

Ui!

LLUÍS GAVALDÀ
Els Pets d'olor de gessamí.

EDITH PIAF
L'art que surt de les tripes.

Les arts i els artistes

MOZART
El nen prodigi més genial com a adult.

La veu pura que canta a Déu.

XESCO BOIX
Sempre al cor.

SAVALL
Salva la música antiga.

NÚRIA FELIU
De Sants a Hollywood, sempre en català.

La vocalista de l'orquestra de ball.

PEP POBLET
El so que emociona les formigues.

La cantant de música tradicional.

97

Les arts i els artistes

CHOPIN
Aquell malalt tan fotut que ens fa mirar la lluna d'una manera diferent.

LA FAMÍLIA BACH Com els Trapp, cantaven junts amb molta convicció. L'últim concert que vam sentir amb en Joan.

MOZART
L'elegància de la facilitat.

La il·lustrada pija que toca com vol.

LUZ CASAL
So que surt de les entranyes i commou.

CRISTINA CABAÑAS
Ha convidat més gent a concerts que la Maria Callas.

LOUIS ARMSTRONG
La vibració que fueteja l'esclavitud.

LUDWIG VAN BEETHOVEN
Aquell sord que ens ha fet sentir les emocions més grans de les orelles.

Les arts i els artistes

QUIMI PORTET
La discreta i refinada manera de dir-ho tot.

AMICS DE LES ARTS

EL CHAVAL DE LA PECA
En broma o no, sempre ens captiva.

ELS MANEL, CATARRES, BLAUMUT, ANTÒNIA FONT, ELS ESQUIROLS
Sons corals que fan digna i viva la música lleugera del moment.

ANNA BOSCH
La veu de gent nova que comença perquè té coses a dir.

ELÈCTRICA DHARMA
La frenètica enrampada.

MARIA DEL MAR BONET
El ritme salobre de la Mediterrània.

ÒRBITA MÀGICA
Amics que hi han estat quan els hem necessitat.

LARI

JOANA ANDREU

ANDREU

XEVI

Les arts i els artistes

HOMENATGE AL JOVENT

Vull dedicar un apartat especial a joves artistes. Segur que me'n deixo molts. D'entrada demano perdó, ja que no vol ser una llista exhaustiva, sinó ben al contrari, una mostra d'alguns que veig que tenen futurs prometedors. Però segur que n'hi ha molts més; la nostra terra el que produeix millor són artistes.

LAURA TAMARIT
Precisió alegre.

JOAN TURU
Cor.

Aquí hi va el·la que falta, que serà molt bo.

XAVI RAMIRO
Ens frapa amb la potència de la imatge.

MARTA ALTÉS
Imaginació sensible.

EVA ARMISÉN
Clonificació de luxe.

Pensaba que algo claro y sencillo no podía ser arte.

JUANJO SÁEZ
Ironia contundent.

LYONA IVANOVA
La roba estesa més interessant.

MARC PALLARÈS
Expressió i elegància a fons.

LA LAURI
Subconscient inquietant.

ANNA LLENAS
Estilitzada ferocitat.

MENTXU PÉREZ LLORCA
Gran tècnica i precisió.

Les arts i els artistes

ANNA CASSIOT
Una dibuixant que mira tant lluny com a prop.

OLGA CAPDEVILA
Contundent simplificació.

JAVI ROYO
Conceptual dràstic.

LOLA VENDETTA
Genial autoretrat.

AINA BESTARD
Traç suau i precís, monturiolà.

ÀFRICA FANLO
Poesia gràfica essencial.

JORDI VILA DELCLÒS
Història viva.

FLAVITA BANANA
Formes en ballaruca.

ROCIO BONILLA
Petons acolorits.

NOEMÍ VILLAMUZA
Subtilitat poètica.

CLÀUDIA MATA
Detallisme expressiu.

Segur que m'he descuidat el/la dibuixant que m'agrada tant, posa-hi tu la foto.

Les arts i els artistes

GRANS CORRENTS I ARTISTES GEGANTS

PREHISTÒRIA
La primera vegada que la vaig veure vaig entrar en pànic per si mai era com ella, i ho soc, i no precisament com a símbol de fertilitat. Ara m'enamora.

VENUS DE WILLENDORF

GRÈCIA
A la vora d'un mar amable triomfa l'estil que sobreposa a qualsevol altra consideració la constatació de la bellesa espiritual i física.

ROMÀNIC
Venint de temps de violència i inestabilitat, un estil primitiu però molt pautat.

GÒTIC
Eleva l'esperit i afina les aspiracions a la bondat i la bellesa d'una era optimista. Anònims benefactors de llibres, frisos, mobles, murals i vaixelles.

FRA ANGELICO
El fraret artista al qual la Mare de Déu i els angelets han d'agrair que els fes tan guapos.

RENAIXEMENT
Recerca de la bellesa de mida humana. La persona és el centre de la filosofia vital i la seva presència, la finalitat estètica que s'ha de perseguir.

Les arts i els artistes

BRUEGHEL EL VELL
Visió estilitzada però real del país normal, quotidià, entranyable...

SANDRO BOTTICELLI
En el primer temps, un cant a la vida, la bellesa i l'alegria del Renaixement.

ARTEMISIA GENTILESCHI
Al Renaixement també hi ha dones de gran vàlua professional i imaginativa.

LEONARDO DA VINCI
Dominador de la representació realista. Sublimació de la bellesa humana.

MICHELANGELO BUONARROTI
Culminació àmplia de l'esplendor brillantíssima d'un dels moments més importants de la humanitat.

HIERONYMUS BOSCH, EL BOSCO
El gran surrealista, inventor de jardins deliciosos i d'inferns roents.

Les arts i els artistes

MARY CASSATT
Quan la pintura agafa un to més personal. La seva veu sona bé.

REMBRANDT
El cim de l'èxit i també del fracàs. Un mestratge que ho sobrevola tot amb la perfecció d'una contundència inapel·lable.

JOHANNES VERMEER
M'encanta pensar que aquest home, a qui la seva dona, molt gelosa, no deixava sortir de casa, va excel·lir movent-se en aquest món petit. L'art ho supera tot.

LLUÏSA VIDAL
Amb aquesta mirada inquisitiva de nena de casa bona que coneix, també, el preu de les bledes, analitza el seu món amb lucidesa de pionera.

TAMARA DE LEMPICKA
No sé si era nazi o no; pinta exaltant la força, la salut i una bellesa insultant, però ho fa tan bé, en sap tant, que ens captiva.

MONTSERRAT GUDIOL
En un postfranquisme materialista frívol i gris, fa una mirada estilitzada i espiritual a les essències genèriques que venen de lluny i arrelen al demà.

Les arts i els artistes

VINCENT VAN GOGH
Un pinzell esverat i delicat per emocionar-nos des d'una ment malalta.

HOKUSAI
Poderós traç per fixar una realitat que és una revelació de la sensibilitat d'Orient cap a Occident i més.

FRIDA KAHLO
La vitalitat d'aquesta dona adolorida supera la malaltia per fascinar-nos per sempre, com va fer amb Diego Rivera.

FRANCESC ROURA
Les figures ajustades i amb bona posició, i els titelles sense parar.

REMEDIOS VARO
La nena que va viure a Catalunya va portar a Amèrica un surrealisme sincer i delicat.

ÉLISABETH VIGÉE LEBRUN
És una de les primeres pintores oficials, i ben competent. Per això la posen a pintar reines i nens. Comença la gran revolució.

Aquí he perdut l'ordre cronològic, però tant és. Són artistes eterns.

Les arts i els artistes

PAOLO UCELLO
L'art militarista li va sortir bé. Mirant la pintura se sent el fragor de la batalla, i encara sort si no et fereixen.

MARIA ASSUMPCIÓ RAVENTÓS
La qualitat dels teixits i el protagonisme de les seves textures et porten a cims expressius no per abstractes menys emotius.

FRANCISCO DE GOYA
A aquest paio feréstec, alegre o agre, li feia mal l'Espanya miserable, endarrerida, inquisitorial. Per a mi és el +.

JOAQUIM VAYREDA
El meu besavi podria ser un protoecologista, amb la seva exaltació del paisatge i els personatges km 0.

JOAN MIRÓ
Inventor de petits fantasmes i constel·lacions de butxaca.

LOLA ANGLADA
És la imatge precisa de la Catalunya que volia la gent dels anys trenta: lliure, justa, desvetllada i feliç.

Les arts i els artistes

JEAN-JACQUES SEMPÉ
Amb aquella ploma fina que a vegades sembla insegura, fa un retrat exacte de la societat de postguerra. Per a mi és el millor, sens dubte!

HERGÉ
Aquell traç tan net, aquella exactitud en accessoris i escenaris, aquells ulls que ho diuen tot amb un puntet allargassat, no interpreta, viu l'aventura.

MARIA CLARET
Per alguna raó, aquesta dibuixant catalana arriba a Sant Sebastià en plena Guerra Civil i allà posa en marxa l'operació MariPepa, que artísticament valoro en el desert de la literatura infantil durant el franquisme.

MODIGLIANI
Aquesta mena de Greco actual, amb l'estilització fonda i rica de les personalitats que analitza, per desgràcia, personalment acaba fatal.

HENRI DE TOULOUSE-LAUTREC
És el nen esguerrat que troba en el submon de l'espectacle parisenc la humanitat fotuda que ningú no havia gosat mirar cara a cara amb sinceritat i comprensió.

NORMAN ROCKWELL
És el discretíssim *voyeur* que es cola en moments quotidians de la vida ianqui. Té un realisme afinat, una composició precisa i una extraordinària gràcia per triar els temes de les obres.

Les arts i els artistes

PLA NARBONA
Composició exacta i elegant, i una cal·ligrafia que en si mateixa és una obra d'art.

CARME SOLÉ VENDRELL
Als balcons, l'expressió dels nens que han vist coses terrorífiques ens recorda que hem de cuidar la seva innocència.

FARRERAS
Pot dibuixar Jordi Pujol d'esquena disfressat de monja i el reconeixes sense problemes.

CAPDEVILA I CALAFELL
Les dues Rosers han creat colze a colze un món alegre capaç de fer feliços milions de nens del món.

CESC VILA
Fill de D'Ivori, el gran dibuixant modernista, fa d'un pessimisme irredempt una arma d'humor demolidora, i del des-estil, marca de bandera.

PABLO PICASSO
Tant se val el que faci, sempre és el millor. És expressiu, innovador, vital, descarat, profund… genial!

Les arts i els artistes

JOSEP VERNIS
Amb una dicció d'elements acurada, expressa l'ànima d'Osona a partir de l'abstracte.

JORDI ORDEIG
Situa la seva pintura allà on pot ser més visible, amunt i com més gran millor. Decoració urbana.

PAULA BONET
Àcida com una llimona i bona com la taronja més sucosa, pot fer de tot i ho fa bé tot.

JOSEP M SUBIRACHS
Molt gran, aquest escultor amb un positiu tan potent fa la síntesi classicisme-modernitat; amb el seu negatiu colpidor i l'espiritualitat de la Sagrada Família ens extasia a tots.

MERCÈ VALLVERDÚ
Té una carrera curta, però per a mi important. Expressa sinceritat, bon ofici, mirada atenta a la realitat que vol fugir de la guerra.

JOAN REBULL
És un exquisit noucentista amb una tendresa mesurada i tan adient per al dolorós temps de postguerra.

Les arts i els artistes

ANNA LLOSAS
Reincorporada recentment a l'art que havia practicat, ha tret un ofici, un coneixement de l'anatomia prodigiós i un gust exquisit. Bravo!

CRISTINA LOSANTOS
El gest en el punt just. Exactitud en l'ambientació, però amb gran netedat, un estil molt reeixit.

XAVIER NOGUÉS
Caricaturista i dibuixant excel·lent, amb un humor sarcàstic per representar els borratxos més trempats del país vitivinícola.

OPISSO
Copsa la palpitació de la massa. L'Albert Jané diu que ell i jo som els que fem cabre més gent en un dibuix, que en el seu cas esdevé un testimoni fidel de la seva època.

JORDI LABANDA
Les pijes li han de fer un monument. Potser les fa tontes, superficials, supremacistes… però moníssimes. Humor subtil rere Christian Dior.

CHRISTIAN INARAJA
Un estil que es va fent saltant de troballa en troballa fent viure emocions originals, diferents.

L'ORQUESTRA

Quan aquella munió d'estris estrafolaris sonen alhora es produeix el miracle de la música, que amb la seva melodia i els oportuns acompanyaments ens proporciona un dels plaers més purs que podem sentir. A més, l'orquestra és la metàfora del que es pot aconseguir treballant junts.

Les arts i els artistes

PEL·LÍCULES INOBLIDABLES

Aquelles poques que amb el pas dels anys tornaries a veure una vegada i una altra, i les recomanes als nets com si els revelessis el mapa d'un tresor.

CHARLOT

LA BELLA DORMENT

MICKEY MOUSE

LESLIE CARON A **LILI**

CHARLES LAUGHTON, **TESTIMONI DE CÀRREC**

Les arts i els artistes

101 DÀLMATES

GREGORY PECK

VACANCES A ROMA

AUDREY HEPBURN

SYDNEY POITIER SEMPRE!

EL GLOBUS ROIG

EL MISSATGER DE LOSEY

400 COPS TRUFFAUT

EL FESTÍ DE BABETTE

QUALSEVOL COSA SOBRE **ELISABET I**

EL CIRC

- **MÚSICA** marxosa, pomposa, vibrant.
- **PALLASSOS.** No saps si fan por o riure, són inquietants.
- **EQUILIBRISTES.** Ens tenen amb l'ai al cor, el seu èxit és nostre.
- **ANIMALS.** Quan estan tan domesticats, causen impacte i fan una mica de pena.
- **NANS.** Que en un circ fallit es fan de bona mida. Són la metàfora del triomf de la mediocritat. Riure's d'ells és cruel, però tenen tant dret a treballar com un altre.
- **ALEGRIA.** El circ la té per definició. Li és pròpia, consubstancial, inherent.
- **MÀGIA.** Tergiversació de les lleis de la gravetat, la lògica de la física i la correcció política.

Les arts i els artistes

El circ trenca la monotonia del dia a dia amb l'esclat total de la seva presentació. Un circ a la ciutat de tant en tant dona un interessant to cosmopolita.

Les arts i els artistes

- Snow és l'alineat/ada amb els dictats de les divinitats pertinents.
- Look Fardon, les marques cares emblemes d'estatus.
- Poberel·lo. Si els prescriptors decreten anar vestit de pobre, fa ric fer-ho.

- Cara de pal en les desfilades, inexplicable.

- "Épater le bourgeois", això sempre: tenir el galliner esvalotat, però predisposat a alinear-se allà on mana el poderós mot d'ordre dels que manen.

- M'agradaria tenir un estil propi fruit de l'experiència de l'evolució de l'edat, la bàscula i els gustos propis.

LA MODA

És una activitat creativa que té a veure amb els vestits i els complements. Per definició, s'ha d'anar canviant de *look* per estimular el consum, però aquesta vivacitat per a mi moltes vegades no passa d'una extravagància gratuïta, un retorn a modes d'un passat tan immediat que no tindries temps ni de canviar l'armari. Una tirania per al qui vulgui estar a l'últim crit.

Les arts i els artistes

117

Univers Pilarín

"Ho sé fer!"

LA CUINERA DESASTROSA

És profecia que ho soc, perquè no en sé més. No tinc aquest art, però ningú dels meus ha mort de gana, ni enverinat... fins ara. (Per sort, sempre hi ha hagut algú que ha fet el dinar i l'ha anat a comprar!)

Calma, nens. Si cal, truco als bombers.

Ho sé fer.

No ho sé fer.

| TRUITA | OUS FERRATS | PATATES FREGIDES | ESPÀRRECS DE LLAUNA | FLAM | PLÀTAN |
| SOPA DE TORTUGA | CANELONS ROSSINI | CÒCTEL DE GAMBES | BISTEC BISMARK | TORTADA FLORENTINA | GELAT 3 GUSTOS |

Però aspiro a tenir taules ben parades amb les estovalles d'Alençon de la TIA FO. No sé si compensa, però és el meu homenatge als convidats i als avantpassats alhora.

El nivell gastronòmic és baix, desenganyem-nos.

Univers Pilarín

ELS BARRETS

Tan importants per al meu aspecte. Quan els fills i nets estan amb mi, m'ajuden a triar-los.

Tinc amigues i amics que me'n porten de llocs elegants o remots. La Cristina Cabañas me n'ha regalat algun de memorable.

Alguna vegada que m'he trobat en algun compromís de mudar, encara he recorregut a un que la meva mare va comprar a Harrods fa 50 anys. No el llenço perquè no se sap mai si l'hauré de menester.

Algun cop que he volgut ser original, he quedat eclipsada. Sobretot a la tele.

En alguna circumstància m'he hagut de treure el barret per demostrar que els quatre pèls que tinc estan ben enganxats.

- És perruca, tios.
- No és calva.
- Aquest cabell és tenyit.
- Tothom ho diu, que és calva.
- No n'hi ha per tant.
- Em pensava que era com una bola de billar.

Univers Pilarín

L'esquí: lliscant vertiginosament sobre la superfície blanca.

Carruatges fórmula 1.

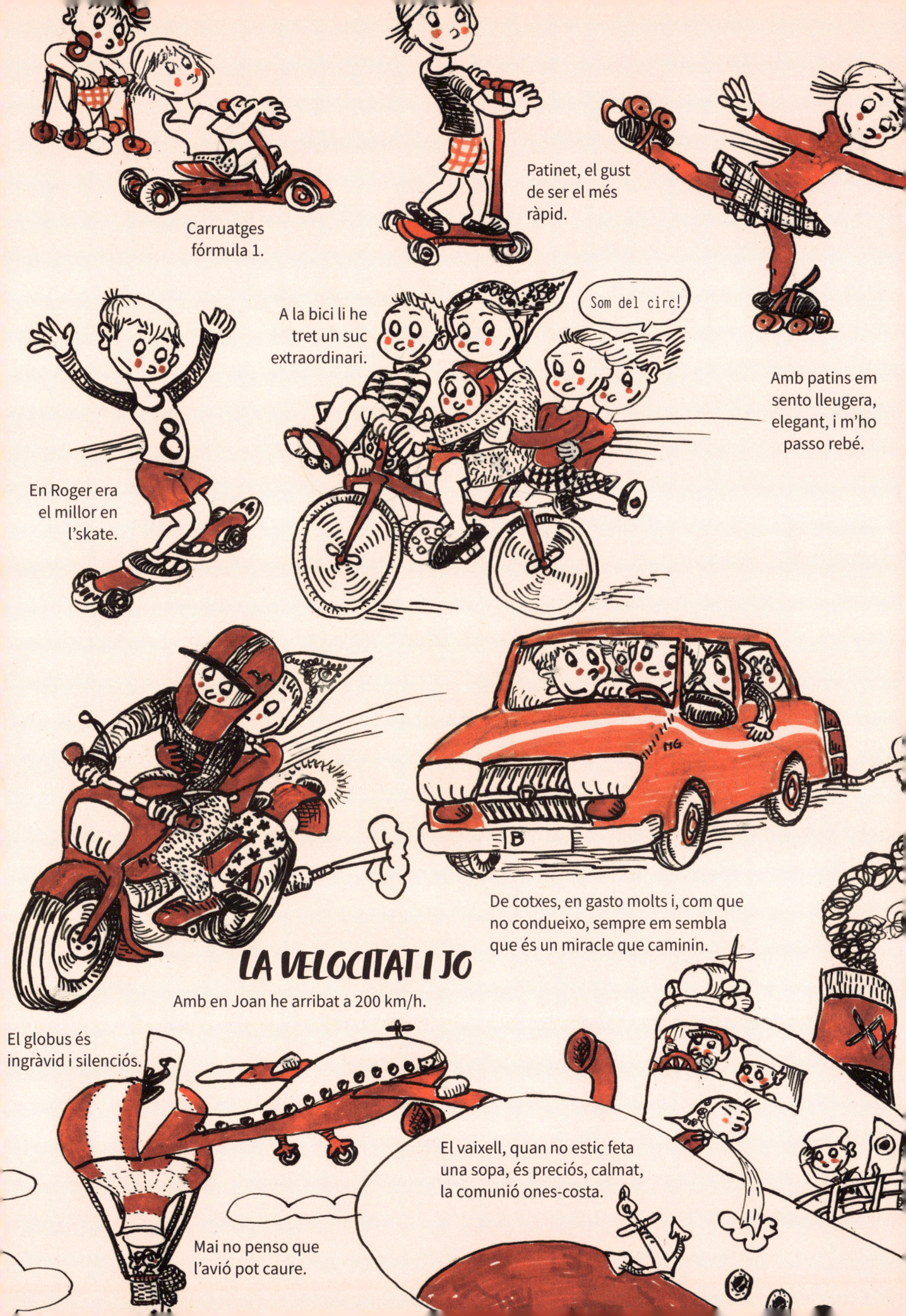

Patinet, el gust de ser el més ràpid.

Amb patins em sento lleugera, elegant, i m'ho passo rebé.

En Roger era el millor en l'skate.

A la bici li he tret un suc extraordinari.

Som del circ!

De cotxes, en gasto molts i, com que no condueixo, sempre em sembla que és un miracle que caminin.

LA VELOCITAT I JO

Amb en Joan he arribat a 200 km/h.

El globus és ingràvid i silenciós.

El vaixell, quan no estic feta una sopa, és preciós, calmat, la comunió ones-costa.

Mai no penso que l'avió pot caure.

Univers Pilarín

ELS ELEMENTS BÀSICS

Des de molt antic se sabia que aquests elements eren fonamentals en la composició de l'Univers. Tot i que són tan importants, podem arribar a tenir una relació personal amb ells. Poden oferir-nos la seva cara amable o presentar una fesomia enfurismada, però no els podem ignorar.

El vent. La brisa que refresca i evoca i ondula el paisatge, i que quan exagera s'endú els barrets i fa estralls.

Foc. Tan amorós el de la llar de foc, tan rabiüt quan me l'he trobat descontrolat.

Aigua. Penso en la del riu Merlès, on, davant dels oncles Cirera, em vaig llançar de cap des d'un cingle que em va semblar molt alt. Han passat els anys i encara m'hi tiro de cap.

Vàrem veure maquis, aquell dia.

Terra. A la resclosa de l'Albanell, on tot sovint vaig amb els amics, és on se'm fa més present la terra, mare, pàtria i sudari.

THE END

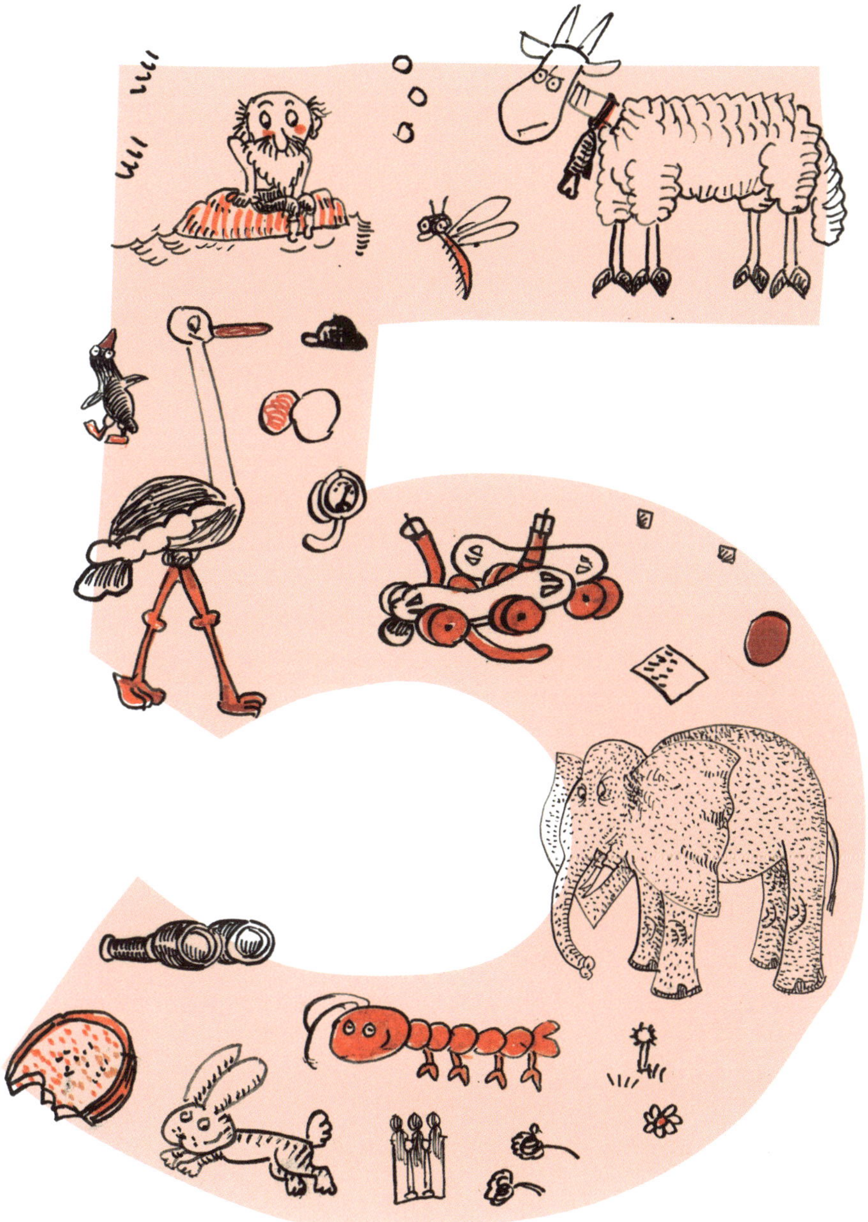

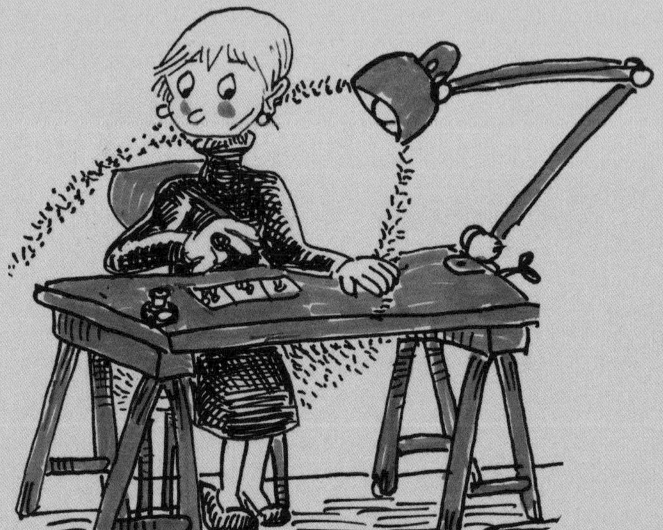

L'OFICI:
del traç al llibre

Curiosament, he arribat gairebé al mateix temps als 1.000 llibres i als 80 anys. Puc dir que els llibres han estat la meva vida. Per això estic agraïda i també disposada, mentre pugui, a servir aquest mitjà, amb tota la il·lusió i amb tota l'eficàcia de la qual soc capaç. Aquí faig un reconeixement als companys de l'ofici; animo també la munió de gent nova que l'està impulsant.

L'ofici: del traç al llibre

PARAULES QUE MARQUEN

Hi ha paraules que ens marquen la vida en un sentit o un altre... D'aquesta mena van ser algunes que encara avui m'empenyen a no deixar cap paper en blanc.

L'ofici: del traç al llibre

— Debéis huir del pecado inconfesable del pervertido Oscar Wilde, que arde en el infierno para siempre...

— Heu de mirar d'estudiar una cosa per guanyar-vos la vida encara que tingueu un marit. La independència econòmica és bona per a les dones.

PEPA MELÉNDEZ, MODEL

ESCOLA SUPERIOR DE BELLES ARTS SANT JORDI AULA NATURAL

Fina Rifà, Maria Rius i Pilarín Bayés són possibles il·lustradores.

— Senyora Mata, té molt ull.

L'ofici: del traç al llibre

Dins d'un cert activisme, d'estudiant vaig rebre algun cop de porra.

Però també he aconseguit alguna ovació pel fet de donar una opinió política a la Patum de Berga.

In, inde, independència!

Vaig decidir que mai em dedicaria a cap professió que tingués res a veure amb la sanitat després de veure el meu pare fent un pneumotòrax, que consisteix a inflar els pulmons d'un tísic amb una manxa entremig de les costelles.

Els meus dibuixos han acabat en diferents superfícies: samarretes, teixits, fusta, plàstic… però amb l'Anna Riera he tocat el tema de la porcellana, tan interessant.

L'ofici: del traç al llibre

Tenim escampats per tot Catalunya uns parcs temàtics de contes fonamentals: *La Caputxeta*, *En Patufet*, *Els tres porquets*, *Els reis d'Igualada*… És la idea d'en Jordi Crous, un empresari que pensa en els nens de barris, pobles o ciutats.

ELS EDITORS

Han tingut confiança en mi tant com per jugar-se els calés en un llibre meu. El senyor Dòria, així li deia jo, va ser el primer, i d'ell vaig aprendre molts secrets de l'ofici. La Marta Mata per a mi va ser també una gran pedagoga.

LA GALERA

De l'editor no en recordo el nom, però sí que a l'editorial Prima Luce en vaig aprendre molt, perquè feien els llibres de text com si fossin xurros.

PRIMA LUCE

El pobre Casanovas, com a ell li agradava anomenar-se, estimava la cultura i em va fer sentir realitzada amb la feina.

CASANOVAS

A can Vicens Vives, la senyora Vicens era la posseïdora de les essències del titular, però amb tota la família ha sigut bonic treballar, i de valent.

VICENS-VIVES

Amb la Iolanda Batallé, l'Ester Pujol, la Laura Pujol, l'Ester Gallart, la Montse Ayats, la Pema Maymó i la Montse Armengol he vist la cara dinàmica, creativa i divertida d'un ofici de lletraferits en una generació jove i preparada.

Amb l'Eduard Fornés treballem les biografies per a nens. M'agrada dibuixar la vida d'algú que ha fet coses notables, sigui famós o anònim. La Mònica Estruch, en Francesc i l'Ana Ortiz, i l'Alba Puig segueixen amb el tema.

EDITORIAL MEDITERRÀNIA

LA FEINA

El senyor Doria parlava del primer llibre donant sopes als seus nens.

A l'escola falta gent per engrescar la canalla a fer-se ciutadans.

Casanovas pensa la cultura en gran.

Potser per això li van cremar l'editorial quan va sortir *Història de Catalunya*.

Treballs per a campanyes de protecció civil.

Llibre de consells de la Generalitat per a les mares novelles, molt difós durant anys.

Orfeó Català: exaltació de la bellesa feta a la nostra mida, gust i capacitat artística. Som mediterranis: terrós, estudi i inspiració.

Frida Kahlo. La bellesa i el dolor, ben lligats dramàticament. És la inspiració.

Alguna vegada toquem temes científics. *L'univers a la mà*, de Sònia Fernández-Vidal, la *Petita història del Servei Meteorològic de Catalunya* o l'obra d'Eudald Carbonell en són exemples.

Els temes religiosos no els defujo; ben al contrari, és una riquesa cultural per a nens d'educació laica, també.

Història de Catalunya al quiosc, 300.000 exemplars. El 1714, encara ben present.

L'ofici: del traç al llibre

ALTRES FEINES

En Joan i la Margarida Oms i després la Mita m'ofereixen fer un pas en l'estatus de la pintura a la seva galeria El Carme. Durant 30 anys m'hi sento molt bé i el meu paisatge personal s'amplia.

També he tingut ocasió de dibuixar temes molt estimats però força delicats per als quals he tingut assessoraments importants. Escriu la Bíblia el pare Ballaz i l'ajuda del Museu Bíblic de Tarragona.

"He aconseguit aquesta feina perquè sabia que et feia il·lusió."

L'ofici: del traç al llibre

A Bolonya dediquen una fira a Catalunya i a l'ajuntament hi fem l'exposició de la nostra història, que inauguren l'alcalde de la ciutat, el president Carles Puigdemont i l'Anna Erra, alcaldessa de Vic.

CÒNSOL D'ESPANYA

Al Palau Robert de Barcelona, el president Mas i la seva dona, l'Elena Rakòsnic, inauguren una exposició que és la continuació lògica de la que es fa a Vic, inaugurada pel conseller Ferran Mascarell i l'alcalde Vila d'Abadal. Estic molt agraïda a tots els que hi han treballat per reunir una part tan important de la meva obra.

FEINES PARAL·LELES

Fer llibres és el que em caracteritza, però he fet quadres i també retrats, i he participat en una sèrie televisiva escrita per la Margarida, la meva filla, amb un equip fantàstic.

L'ofici: del traç al llibre

També he sigut col·laboradora de l'Espartac Peran al programa *Divendres*. Conec molts pobles de Catalunya i molta gent encisadora; no hi sortien xafarderies ni safarejos tòxics i era molt divertit. A la televisió, gaudeixo també amb l'Albert Om i l'Helena Garcia Melero. I amb el Club Super3.

D'anar a escoles, biblioteques, ateneus i centres culturals, en tinc el cul pelat.

Excepcionalment he fet decorats per al teatre i murals per a diferents llocs, entre els quals hi ha l'ermita de Sant Joan de Blanes.

L'ofici: del traç al llibre

L'ESTUDI

L'estudi que tenim ara, que ja se'ns ha fet una mica petit, va ser idea de la Margarida. En Ferran Blancafort va dibuixar el plànol de l'estudi; és el gendre d'en Manel Anglada, l'arquitecte que va fer la nostra casa. El paleta Viñas el va executar.

En diferents moments hem comptat amb col·laboracions valuoses com la de Sandra Penedès, però fa gairebé 30 anys que la Margarida és al meu costat, al peu del canó.

L'ofici: del traç al llibre

141

A l'estudi he fet la feina amb comoditat i tranquil·litat d'esperit i espero que la Margarida s'hi hagi sentit més ampla. Conté una activitat anarco-eficient. "Anarco" l'hi poso jo, que penco per instint; "eficient" l'hi posa la Margarida, que per a mi ha estat inspiradora, mànager, promotora, instagramer i relacions públiques, però sobretot és qui coneix millor la meva obra, més que jo mateixa, i qui més l'ha valorat i l'ha promogut. Gràcies a ella he fet tan llarga carrera.

L'ofici: del traç al llibre

AQUESTA PODRIA SER LA TIRA DE CAVALL FORT.

PICANYOL Una línia segura i exacta. Un humor blanc, franciscà, inoblidable, puntal gros de la revista infantil.

IGNASI BLANCH Ha fet i farà moltes coses, però el títol d'ensorrador del mur de Berlín amb la força de la pintura, no l'hi pot discutir ningú.

JESÚS RAMOS Planimetries d'esperit, cal·ligrafies sospesades, un conjunt que et sacseja l'ànima sense ferir-la.

FINA RIFÀ Amb el pedigrí Llimona, la precisió del traç i de l'expressivitat li dona el lloc que ha tingut entre els il·lustradors de la nostra generació.

COLL BARDOLET Aquest nen pirinenc de la guerra, a Mallorca es va fer bo pintant aturat, però va copsar com ningú el gir rabent de la dansa insular.

EULÀLIA SARIOLA Una dibuixant notable i un pont d'amistat que travessa la Mediterrània cap a Israel.

MARIA RIUS Il·lustradora eficaç amb els nens i pedagoga brillant per a les noves generacions de dibuixants.

TBO, DDT, CAVALL FORT Han tingut un planter de dibuixants esplèndid, sovint amb artistes que han acabat a l'estranger.

JOAN FURRIOLS Mestre dels forats. L'ordre superior i l'exquisidesa pel que és quotidià rememoren l'afany de la ferreteria ben endreçada.

L'ofici: del traç al llibre

143

L'editor/a és la mecenes generosa que et posa a les mans la confiança perquè un llibre quedi acabat. Agraïment, perquè és decisiva. És clar que també ho fa per guanyar calés...

CAVALL FORT Una publicació infantil amb gran rigor intel·lectual i pedagògic, i amb herois inoblidables: Ot, Jep i Fidel...

EUMO La Universitat de Vic, amb el seu rebost cultural ple a vessar i amb el dinamisme de l'escola de mestres, forçosament havia de fer llibres com les cabres, cagallons.

LA GALERA Hem fet moltíssima feina d'ençà del meu primer conte, *El meu pardal,* i llibres amb gent molt interessant. Sònia Fernández-Vidal i Eudald Carbonell, què més vols?

EDICIONES MIGUEL SÁNCHEZ Recull un amor a la terra, un pensament cap als turistes joves i una solvència d'andalús formal.

CLARET Una editorial amb un pensament a llarg termini d'humanisme i espiritualitat. Jo hi he col·laborat amb *Si us plau*, del germà Morató, i la Bíblia.

EDICIONS 62 Hi ha llibres i llibres, i amb aquesta editorial n'hem fet algun de sonat, com *Història de Catalunya,* el *Romancero gitano* de García Lorca o els *Poemes dibuixats* de Martí i Pol.

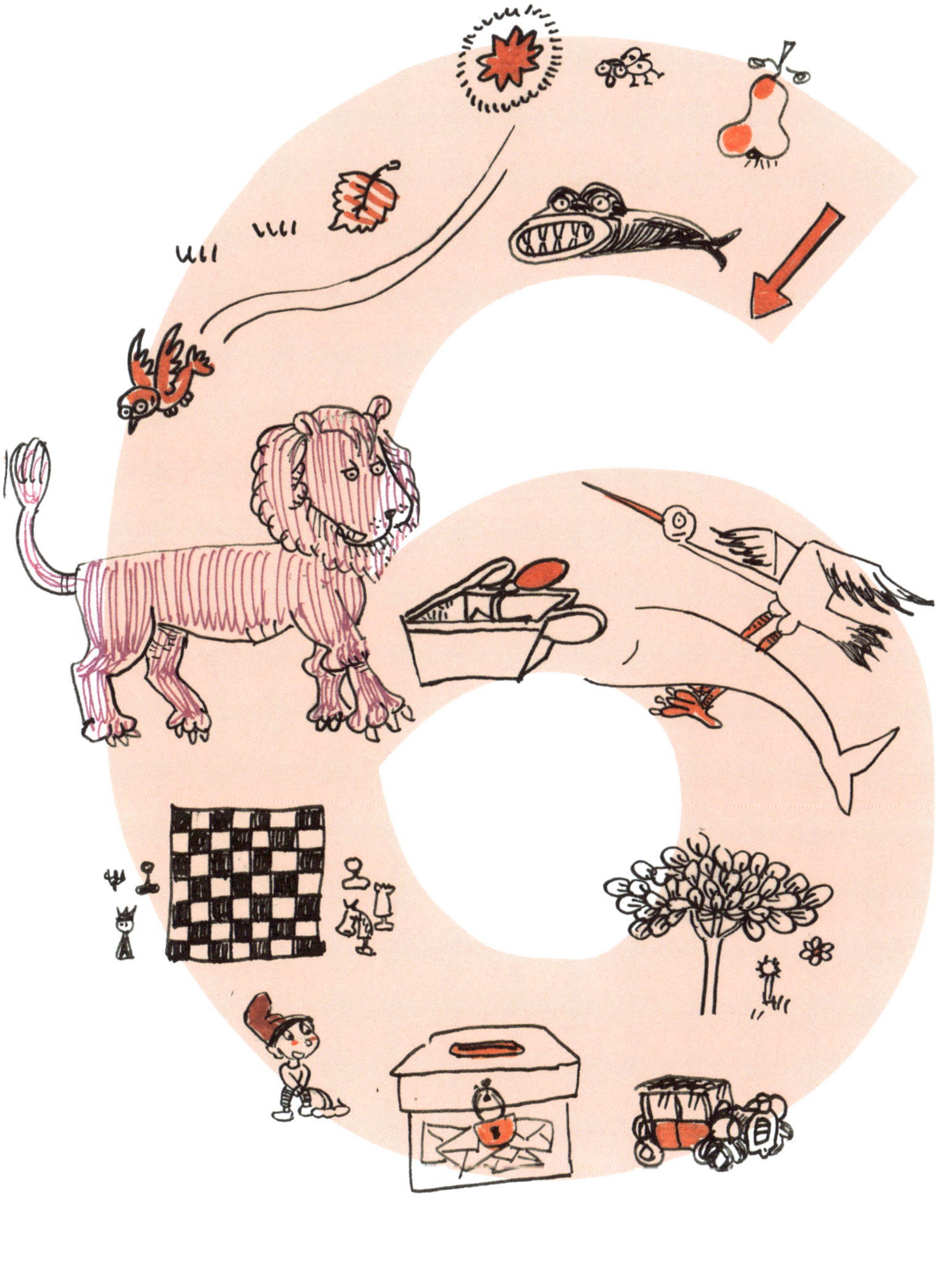

TOMAS DE KEMPIS

LES PERSONES
que em commouen

En darrera instància, el paisatge que més t'impacta és el paisatge humà, aquella gent que estimes, que t'estimen, que et sotraguen o que t'agombolen en el teu trànsit existencial. Aquí en faig un inventari amb la il·lusió d'animar-te, estimat lector, perquè facis el teu.

Les persones que em commouen

PERSONALITATS IMPORTANTS
en la formació del meu pensament de persona adulta.

- MIGUEL A. DE LUNA
- NANDU JUBANY
- SIÓ SALA
- LÍDIA MARTÍN
- MARIA PARRAMON
- JORDI PUJOL
- JOSEP PALLACH
- MAGDA ORANICH
- PILAR ANGLADA

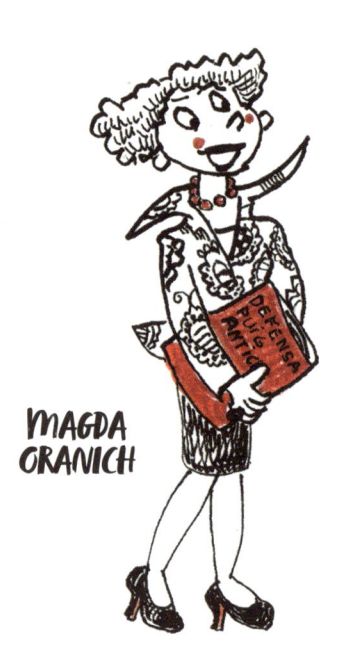

Les persones que em commouen

149

JAUME VICENS VIVES

MARTIN LUTHER KING

JOSÉ LUIS ARANGUREN

JOSEPHINE BAKER

MOSSÈN ALEMANY

AUDREY HEPBURN

ANTOINE DE SAINT-EXUPÉRY

WILLY BRANDT

✸ no conegut ni saludat

Les persones que em commouen

FAMILIARS IL·LUSTRES
De tots, n'estic orgullosa.

BENET XIII — Papa
El primer Luna

MARIA — Esposa de Martí l'Humà i reina governant

ÁLVARO DE LUNA — Primer ministre de Castella

VAYREDA — Ciutadà honrat de Barcelona

ANTONI BAYÉS FUSTER — Descobridor de l'aigua de Tona

JOSÉ MARGENAT — Comerciant a Argentina

MERCÈ CASABÓ — Culta i administradora

RAMONA COCH — Emprenedora

JOAQUIM VAYREDA — Pintor i activista sociocultural del catalanisme

PROPIETARIS RURALS

MOLINERS I PAGESOS

JOSÉ DE LUNA — Diputat a Madrid per Antequera

ENRIQUETA PÉREZ DEL RÍO — No aguanta la pressió

FLORA FERNÁNDEZ — Gallegoargentina molt discreta

TURETA — Culta i pietosa

CANDI — Metge i ciutadà

MIGUEL DE LUNA — Enginyer i religiós

ROSITA MARGENAT ARRIADA

Tant de la banda Luna com de la Bayés, he tingut avantpassats importants. Algun va acabar amb el coll tallat, i també he tingut algun pres polític, com Álvaro de Luna.

Alguns van ser ciutadans d'u cert nivell, altres, anònims. Alguns venien de pagesos francesos i van treballar fort

Les persones que em commouen

Gent famosa o curiosa que m'he trobat.
Amb alguns m'ha fet molta il·lusió topar hi;
altres, xafarderia o sorpresa o gràcia.
Motius per viure.

✸ persones no saludades ni conegudes tot i que m'hauria agradat.

1. JOAN PAU II
2. EUDALD CARBONELL
3. ANGELA MERKEL
4. MARTA FERRUSOLA
5. PARE BATLLORI
6. KASHOGI
7. MONTSERRAT ROIG
8. SOR LUCIA CARAM
9. MONTSERRAT CARULLA
10. ÒSCAR CAMPS
11. ISABEL-CLARA SIMÓ
12. JORDI CUIXART
13. QUIM FORN
14. PARE APELES
15. MONT PLANS
16. DOCTOR TORO
17. JOAN ANTONI SAMARANCH
18. ROSER CAPDEVILA
19. JOSEP MALDONADO
20. MICHELLE OBAMA
21. ANTONI PLADEVALL
22. CARME RUSCALLEDA
23. ADA PARELLADA
24. JORDI SÁNCHEZ
25. CRISTINA CABAÑAS
26. VICTÒRIA MOLINS
27. MARINA ROSSELL
28. LLUÍS PUIG
29. SERGIO DALMA
30. CARLES PUIGDEMONT
31. MARCELA TOPOR
32. CARME FORCADELL
33. DR. WATSON
34. LUCRECIA
35. DOLORS BASSA
36. DOCTOR TRUETA
37. REI EMÈRIT JOAN CARLES I
38. LLUÍS LLACH
39. RAÜL ROMEVA
40. MIQUEL MARTÍ I POL
41. PRESIDENT TORRA

Les persones que em commouen

Ordre de cavalleria dels **MONRODONS**. Molt festivament celebrem una castanyada cultural molt xula.

PERE PUIG El pols de la ciutat recollit amb lirisme i humor vigatà de pura llei.

JORDI LARA En guions cinematogràfics o versos ens dona el seu punt de vista original i líric.

Les persones que em commouen

TATE CABRÉ Periodista especialista en modernisme i cementiris aquí i a Cuba. La mort explica tant la vida!

MIQUEL I TONI ILLA Amb investigació seriosa o de broma, aquests dos germans fan un gran paper en el patronat d'estudis osonencs, casa gran de la ciència i la cultura del nostre entorn immediat.

Les persones que em commouen

PERSONATGES DE FICCIÓ

O aquells que ens expliquen una vida amb sentit especial. Uns i altres m'han commogut i m'han donat lliçons. N'he triat alguns.

SANTIAGO
d'*El vell i el mar*, Hemingway

LA COLOMETA
Mercè Rodoreda

LAURA
de *Laura a la ciutat dels sants*, Miquel Llor

MADAME DE SÉVIGNÉ
Cartes

MARE TERESA DE CALCUTA
Els seus escrits

JUSTINE
Marquès de Sade

PEPPONE I DON CAMILO
Giovanni Guareschi

LA MINYONA
Llorenç Vilallonga

Les persones que em commouen

155

ELS DEU NEGRETS
Agatha Christie

MADAME BOVARY
Gustave Flaubert

ANNA KARÈNINA
Lleó Tolstoi

George Simenon
MAIGRET

GEORGE SAND
Un hivern a Mallorca

MARGARIDA GAUTIER

JOANA D'ARC

FRANZ KAFKA

LA TRAVIATA

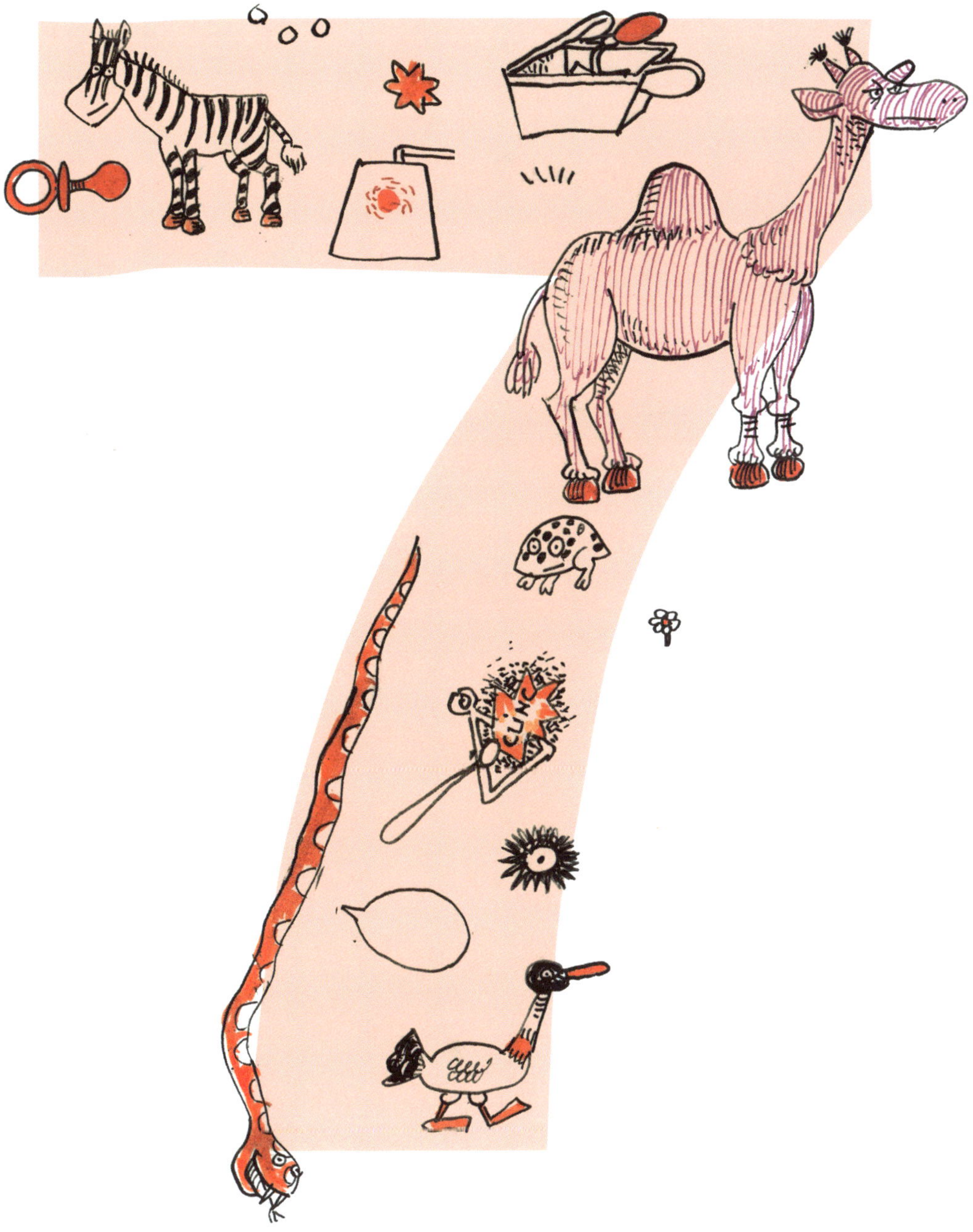
CLINC

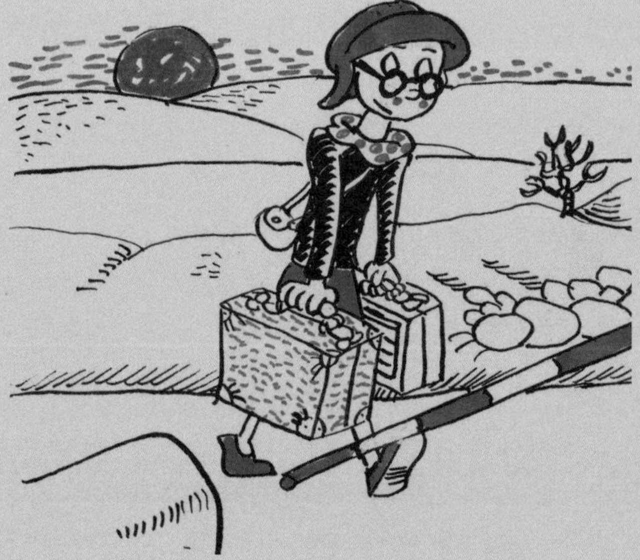

DESCOBRIR EL MÓN:
els indrets que m'han acollit

Encara em queda algun lloc del món que em faria molta il·lusió de visitar, perquè la geografia amaga llocs que resulten imprescindibles a les ments curioses. El nostre planeta és impactant, variat, ple de descobriments. Afegiu els vostres als meus i en tindrem una imatge més completa.

Descobrir el món : els indrets que m'han acollit

MERAVELLES DEL MÓN

Els jardins penjants de Babilònia

El temple d'Àrtemis a Efes

L'estàtua de Zeus a Olímpia

La tomba d'Halicarnàs

El Colós de Rodes

El far d'Alexandria

Descobrir el món : els indrets que m'han acollit

Muralla xinesa

Petra

Colosseu

Chichen Itzá

Machu Picchu

Taj Mahal

Crist Redemptor de Rio

40 segles em contemplen, però jo també els veig a ells.

Les piràmides fetes per als morts per homes vius que es creuen déus i admirades per generacions de panolis.

Descobrir el món: els indrets que m'han acollit

ELS CONTINENTS

EUROPA
Democràcia, estat del benestar, gruix cultural, respecte a la diversitat.

ÀSIA
Contrast luxe-pobresa, diversitat cultural, futur.

ÀFRICA
Natura, civilitzacions diverses, matèries primeres, futur.

AMÈRICA
Exuberància, cultures antigues i modernes, tecnologia i agricultura, alegria.

OCEANIA
Estils de vida i natura diferents, art genuí i bonic de descobrir.

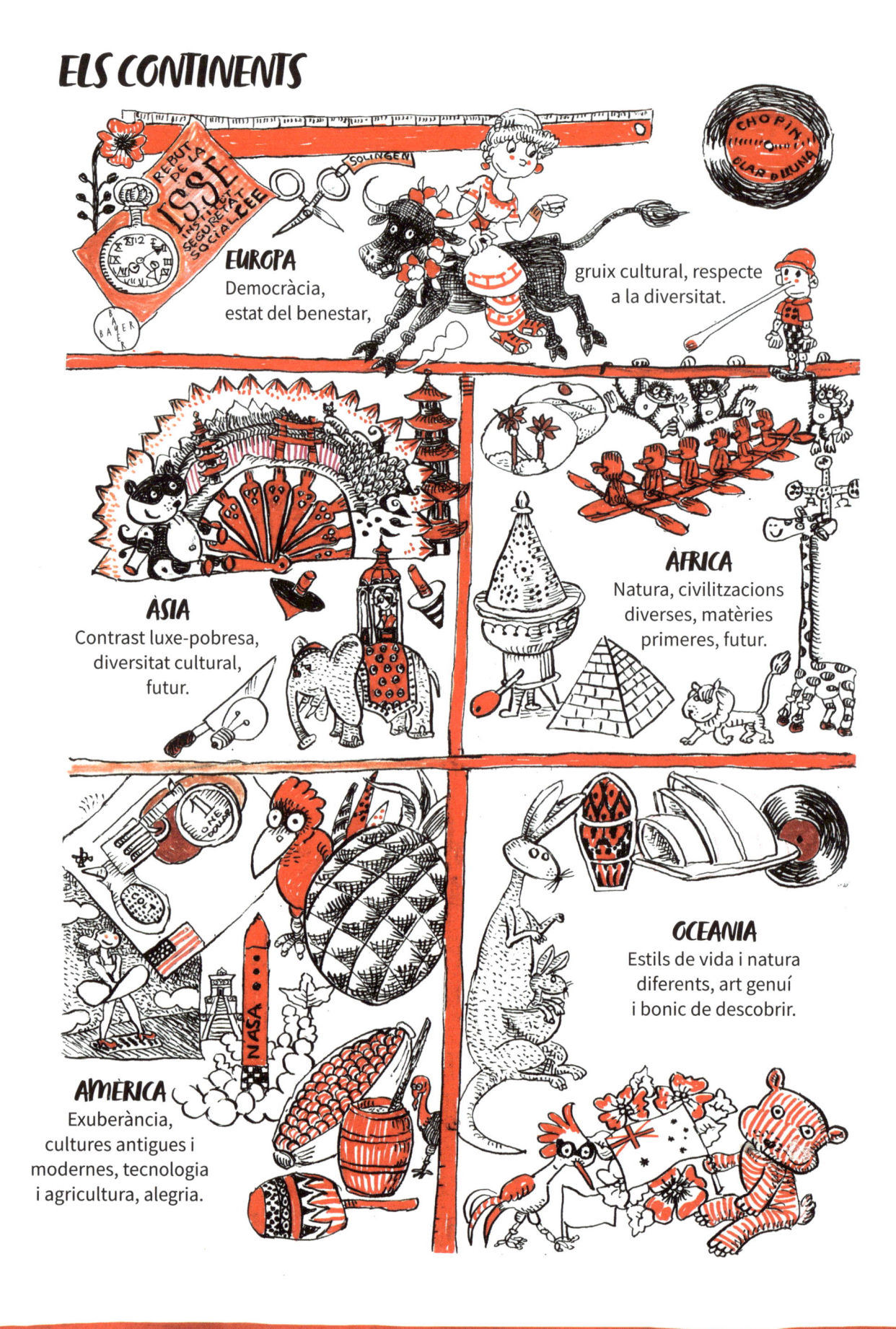

Descobrir el món: els indrets que m'han acollit

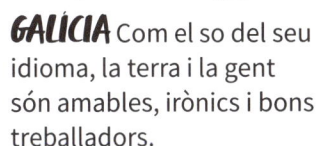

GALÍCIA Com el so del seu idioma, la terra i la gent són amables, irònics i bons treballadors.

LA RIOJA Sembla que tota l'activitat agrícola i comercial tendeixi inexorablement a un brindis cordial.

ASTÚRIES En un espai bipolar de costa i muntanya, triomfen sempre la bellesa del paisatge i la lleugeresa de la sidra.

Immillorable gent, terra, monuments i cultures diverses.

E

Governs sovint podrits, incultes o prepotents, mitjans de comunicació sovint muts.

EUSKADI Gent forta amb gran estima per la seva llengua i cultura. Indomables és el seu millor títol.

CASTELLA LLEÓ Sòlida personalitat austera i solemne, arquitectura religiosa de màxima categoria.

CASTELLA-LA MANXA L'activitat agrícola, la contundència del llenguatge de Don Quixot i Sancho.

EXTREMADURA Pàtria de conqueridors, monuments de pedra, teatre del bo i el pernil més apreciat.

ANDALUSIA La gràcia, l'alegria i l'elegància espiritual marquen el tarannà habitual d'aquesta comunitat meravellosa.

Descobrir el món: els indrets que m'han acollit

LES CANÀRIES Tan lluny, aquestes illes dites afortunades van a l'hora més que no sembla.

MADRID La capital que s'ho creu, que és capital. Àmplia i rica, fa el que li dona la gana.

¿Pasa algo?
Pido asilo político

MÚRCIA La Mediterrània a les entranyes, rebost del continent, paisatges relaxants i cordialitat assegurada.

CANTÀBRIA Les paneres de peix més ufanoses i toros que pasturen a dins i a fora de les coves.

NAVARRA Gent valenta i festivalera que emperò ha estat un exèrcit de cooperants religiosos de gran bona fe.

MELILLA Convivència forçada entre dues civilitzacions, o potser tres, el gran drama d'Espanya.

CEUTA El meu germà va ser el regular més alt i guapo que hi va haver.

Seria bonic que aviat a l'escut d'Espanya hi sortissin aquelles comunitats que lliurement hi vulguin sortir. Hi ha una gran majoria de gent molt maca que es mereix el millor. I sempre hauríem de conservar lligams d'afecte, solidaritat i col·laboració en projectes i feines. I un gran respecte per les decisions d'uns i altres. El món és molt gran i hi cap tothom.

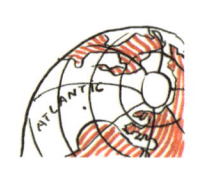

Descobrir el món: els indrets que m'han acollit

VALÈNCIA Som nosaltres amb ratpenat. Més amants dels coets i la lluentor. Potser més alegres i vivaços. Dolços i picants com les taronges.

MALLORCA Som nosaltres amb sobrassada. Intensos, autèntics però calmats. Tenen tan ben aferrada la seva identitat que només el bolero els fa tremolar.

ARAGÓ Som nosaltres en la història vella, transcendental. Som nosaltres en escut, bandera i obres d'art, per això compartim el nom de corona, mal que li pesi a algú.

CATALUNYA NORD Som nosaltres amb un afegitó de cultura francesa de doble tall. Amb tot el seu entusiasme i convicció, són efectius sempre que cal, i amb matrícula d'honor.

Descobrir el món : els indrets que m'han acollit

GRANS VIATGES

És un instint humà primari, conèixer l'espai on vivim, altres civilitzacions, pobles diferents, detalls exòtics, curiositats insospitades… Prou interessant per intentar acumular el màxim d'experiències, ja que cada una és un magnífic motiu per viure.

Descobrir el món: els indrets que m'han acollit

LA MEVA MALETA

Les coses que no hi poden faltar.

- PINTA
- POMADA
- PINTALLAVIS
- MALETA AMB RODES
- DOCUMENTACIÓ
- RASPALL I PASTA DE DENTS
- LLIBRE
- CALÉS
- ADREÇA
- DESPERTADOR
- BARRET DE PLUJA
- BARRET DE CARRER
- ESTOIG PER AL SUCRE
- PASTILLER
- CREU DE SANT JORDI
- CAMISA DE DORMIR
- FULARD
- BARRET DE MUDAR
- TINTER
- PLOMA
- LLONGANISSA
- BRUSA
- JERSEI
- FALDILLA
- PANTIS
- BRUSA
- CALÇAT PER CAMINAR
- SABATES DE MUDAR
- PUNXADOR PER AL SUCRE

Descobrir el món : els indrets que m'han acollit

ÍNDIA

És un país feliç dintre de la pobresa. L'espiritualitat del que és personal ho supera tot. Ara bé, els micos ens van robar el berenar amb gran alegria. Aquest viatge forma part d'un de més gran a l'Hotel Vedruna, i em va servir per fer una col·lecció de llibres de viatges escrits per l'Oriol Vergés, que no havia estat a cap d'aquells països, però ho va fer molt bé.

Descobrir el món : els indrets que m'han acollit

SINGAPUR

És una escala en l'anada a Cambodja amb la Maria i la Margarida, i és la revelació que una petita ciutat-estat pot ser pròspera i ordenada. És l'indret on he vist que l'arquitectura contemporània brilla amb més llum. Ens apliquem l'ensenyament per al nostre propi interès com a catalanes.

Descobrir el món : els indrets que m'han acollit

XILE

Amb en Joan seguim la pista de Gabriela Mistral per fer un llibre en l'any dedicat a ella. A la tomba llegeixo una frase que no he oblidat: "Lo que el alma es al cuerpo, es el artista a su pueblo". Malgrat la dictadura, és el poble més ben educat que he vist.

¿Un caramelo?

Me sabe mal decírselo a una señora, pero Pinochet es un... ¡patán!

És el malnom més suau que es pot dir.

Pinochet estava a punt de plegar.

Descobrir el món : els indrets que m'han acollit

> Me pongo en su lugar, catalanes: Nosotros también sufrimos el Estado español...

GIBRALTAR

Aquí el colonialisme anglès sembla més amable que l'espanyol, que ja és dir. Hi anem una expedició Bayés de Luna per recordar que l'àvia i mare Enriqueta havia acabat el batxillerat al col·legi de Loreto feia 100 anys. Atac dels micos a en Martí Bosch; la Clara i la Karina es perden, i als grans la directora ens fa una confessió.

Descobrir el món : els indrets que m'han acollit

GOA

Tenia molta curiositat per aquest petit enclavament portuguès en territori indi. Per a mi és una experiència que mareja. El còctel barroc lusità i casinos desaforats, explosiu! És com un gra consumista al cul d'un país com la Xina, o així ho vaig veure jo fa bastants anys.

Descobrir el món : els indrets que m'han acollit

PORTUGAL

Va ser l'últim viatge gran que en Joan i jo vam fer junts. Es cansava molt, però també gaudia d'aquell país petit i pobre però amb ínfules colonials desproporcionades però ben efectives durant segles. Ara és un país discret que va fent la seva amb força eficiència i del tot desconnectats dels veïns de península.

Descobrir el món : els indrets que m'han acollit

XINA

El país més poblat del món i a punt d'esdevenir el més important. En el moment que hi vaig, hi ha encara moltes bicicletes i s'hi veu una pobresa endreçada. L'art hi és contundent i ben travat, imperial. Però ells aspiraven a ser un país de gratacels com és ara.
La muralla és l'únic monument de la Terra visible des de la Lluna.

Descobrir el món: els indrets que m'han acollit

FRANÇA

Per a mi, el fabulós París dels últims anys va
lligat als Creus Rovira, que van acollir
la Maria en la seva estada a Can Cacharel.
París, irradiant elegància com sempre.
En tenen la patent. Però, per sobre de tot,
és una cultura que, tot i ser molt cartesiana,
tracta subtilment els temes del cor.

Descobrir el món : els indrets que m'han acollit

REGNE UNIT

Els Smit, la Flotxa concretament, la Joana Metcalf i l'última vegada la Karina, els Vallverdú i el Casal Català han estat diferents amfitrions de Londres, la ciutat més ciutat de totes les del món i la capital conscient d'un gran imperi en decadència, les restes del qual tenen encara interès i provoquen fascinació i tot. O si no, com és que tots hem mirat *The Crown*? Però el colonialisme reconcentrat que ha irradiat la "Pèrfida Albió" encara està fent mal a tot el món.

Descobrir el món : els indrets que m'han acollit

CIUTAT DEL VATICÀ

Les restes, per sort, del poder temporal del papat comprimits de mida però esplèndids artísticament, màxims hereus de l'imperi romà en solemnitat i protocol, preservadors del llegat cristià —primera ONG del planeta—, inventors de bellesa i interacció internacional.

Descobrir el món : els indrets que m'han acollit

RÚSSIA

Una comunitat amb una personalitat tan important que 70 anys de comunisme salten com una crosta, malgrat que en educació, salut, cultura i equidistància social es van fer passes de gegant. Hi anem amb en Joan i hi trobem la família d'en Vladimir, que van ser cònsols a Barcelona i ara viceministres a Moscou, i uns hostes amables en un moment de canvi d'estructures de l'antiga URSS.

Descobrir el món : els indrets que m'han acollit

VENEÇUELA

Natura esplèndida, diferències socials brutals, gent alegre, olla de grills política, esperançadora promesa de futur. Hi vaig amb la meva germana Ioia per al casament de la Mariela i en Jordi Miró, el seu net. La família de la núvia, extraordinària, i l'encant tropical, ben present malgrat el ciment desbocat.

Descobrir el món: els indrets que m'han acollit

CAMBODJA

El país del somriure i d'un art refinat, exquisit i altament espiritual. Sembla mentida que sigui el país amb més morts polítics del món —val a dir que el segon és el regne d'Espanya—. Hi anem amb la Maria i la Margarida, i quedem immerses en el seu encant, que abasta totes les arts i les vivències.

ISRAEL

Hi vaig amb la M. Àngels Comella, en Rigau i en Pujol de la Caixa de Girona per emportar-nos una exposició sobre l'Holocaust. Un d'ells va dir: "No és un país gaire bonic, però hi sobresurt l'espiritualitat". Ho subscric. Em pregunto per què Déu va escollir aquest poble. Deu ser per llestos, subtils i pencaires, però no tant per artistes. Això sí: el record emociona i l'atmosfera commou!

Descobrir el món : els indrets que m'han acollit

CASA DE LA REPÚBLICA

LA TSARINA

BÈLGICA

Hi he anat molts cops, el primer amb Mercè Sari, que en Joan anomenava Tsarina; va ser la primera llicenciada en Teologia a Lovaina i gran activista del Centre Català. Hi soc per fer un llibre de Bruges amb l'editorial Miguel Sánchez de Granada. I l'última, per portar a en Puigdemont, el president exiliat, un quadre de part dels amics catalans. Va ser emocionant. És un país amb estètica heràldica i cor de xocolata, dinamisme modern i passat ben present. És can Tintín.

Descobrir el món : els indrets que m'han acollit

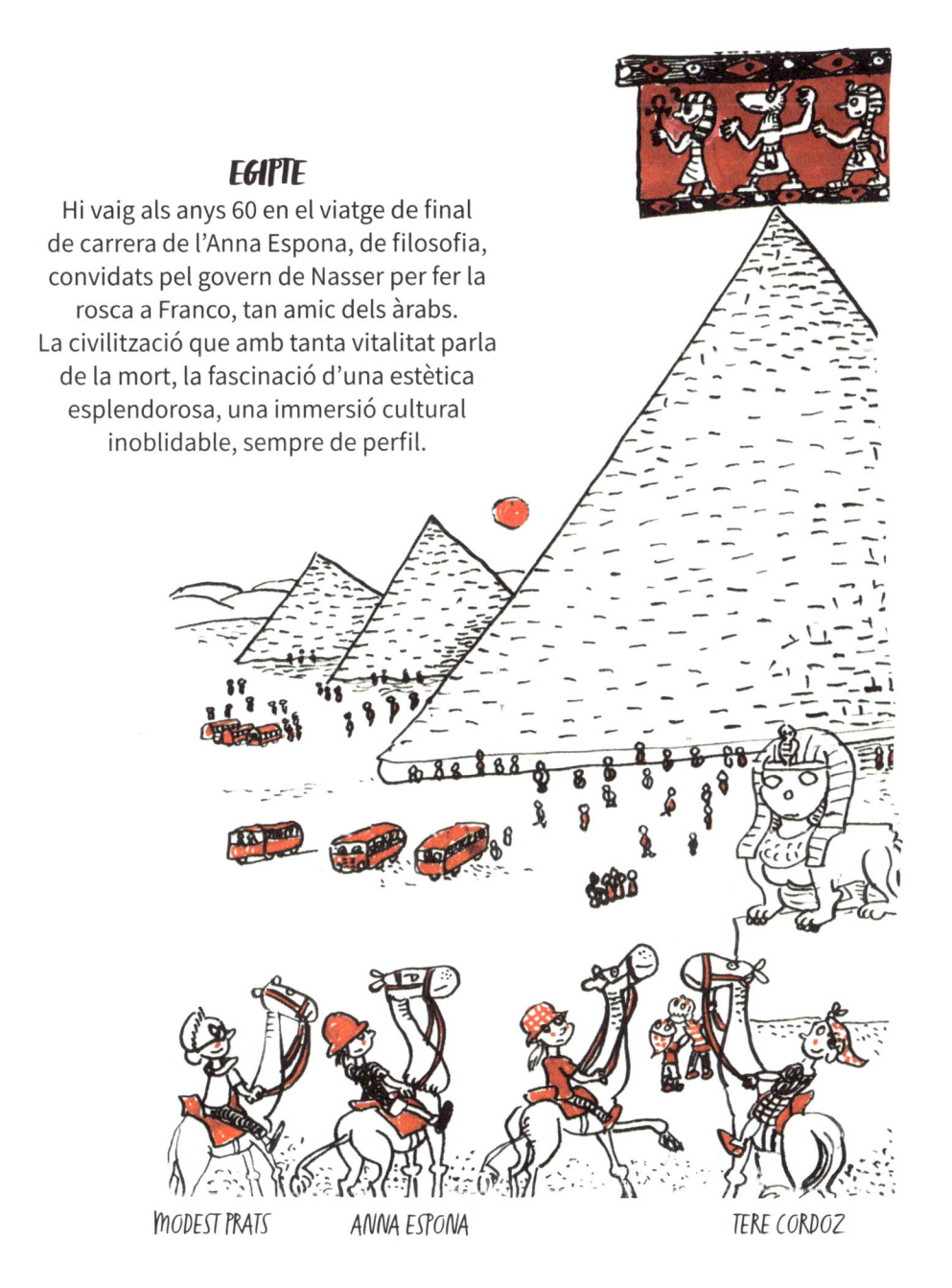

EGIPTE

Hi vaig als anys 60 en el viatge de final de carrera de l'Anna Espona, de filosofia, convidats pel govern de Nasser per fer la rosca a Franco, tan amic dels àrabs. La civilització que amb tanta vitalitat parla de la mort, la fascinació d'una estètica esplendorosa, una immersió cultural inoblidable, sempre de perfil.

MODEST PRATS   ANNA ESPONA   TERE CORDOZ

Descobrir el món: els indrets que m'han acollit

ANDORRA

Són els nostres veïns. Hi he anat moltes vegades, però una que recordo molt és quan la Roser Duró i a vegades la Dèbora, la seva filla, o la Marta, la seva cunyada, ens han portat a indrets naturals de gran força o a les esglésies romàniques, exemple d'un art popular afable, precís i preciós. A Andorra saben reinventar-se per no perdre una prosperitat que degué costar de trobar en un paisatge molt bonic però molt abrupte.

Algú ha dit que la Roser i jo ens assemblem.

Descobrir el món: els indrets que m'han acollit

NORUEGA

La Kristin, amiga dels nostres fills, ens convida a en Joan i a mi a casa seva a prop del Cercle Polar Àrtic. Ve la seva mare, la Lisbeth, que va passar la Guerra Mundial allà, molts mesos colgats de neu. Potser pel clima, la gent és càlida. El país, polit, molt modern i endreçat, amb aquell puntet aspre nòrdic víking. La barreja de paisatge i arquitectura dona com a resultat una serenitat ambiental envejable.

Descobrir el món : els indrets que m'han acollit

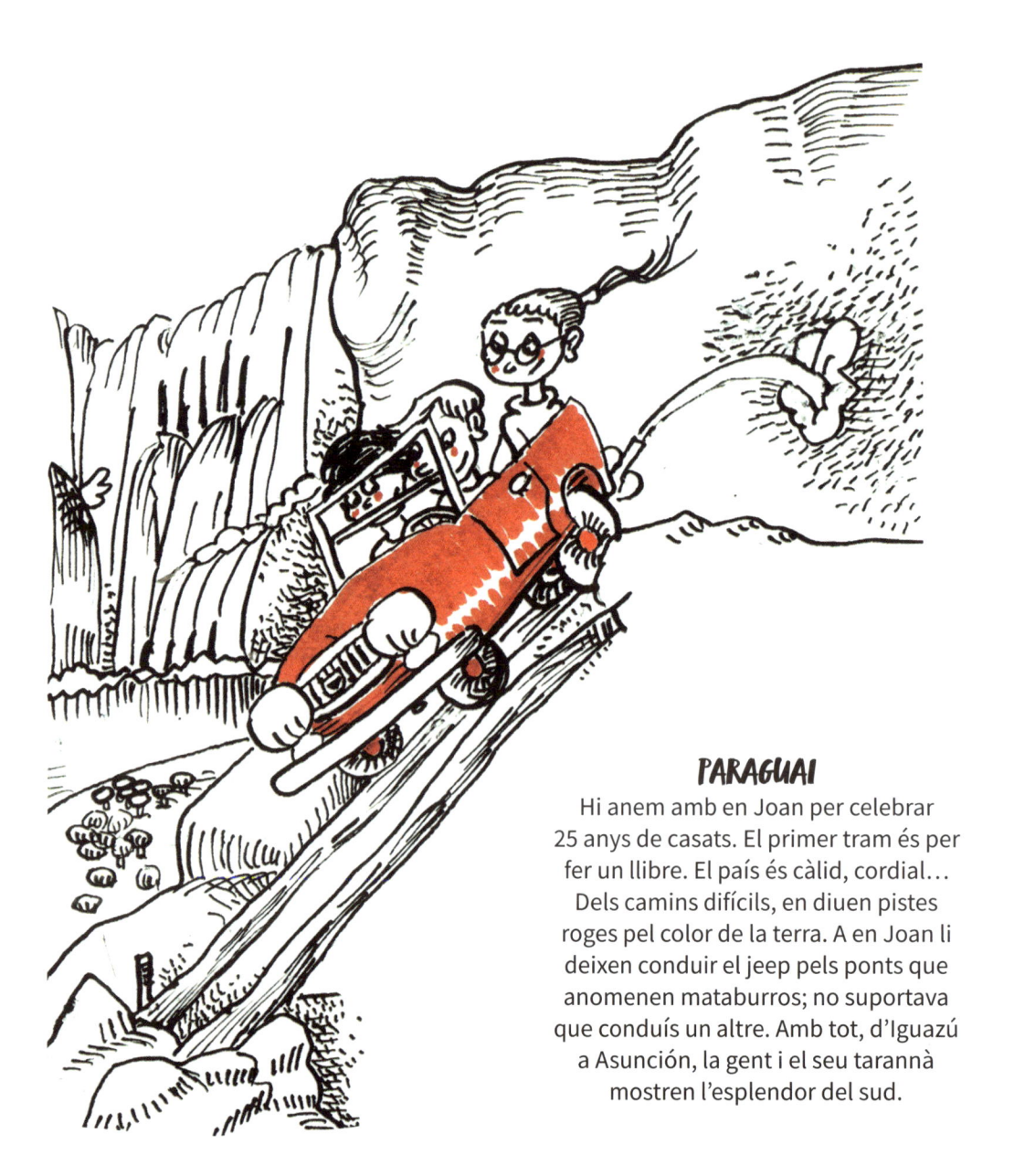

PARAGUAI

Hi anem amb en Joan per celebrar 25 anys de casats. El primer tram és per fer un llibre. El país és càlid, cordial... Dels camins difícils, en diuen pistes roges pel color de la terra. A en Joan li deixen conduir el jeep pels ponts que anomenen mataburros; no suportava que conduís un altre. Amb tot, d'Iguazú a Asunción, la gent i el seu tarannà mostren l'esplendor del sud.

Descobrir el món: els indrets que m'han acollit

KÈNIA

Forma part del periple africà. És la cara negra i brillant del continent, natura desbordant, humanitat sincera, el record del bon rotllo de Karen Blixen, que va estimar i entendre la gent del país.
Hi anem la Carme Rovira i jo amb els de Mans Unides, que treballen allà, Metges Sense Fronteres i Nous Camins. L'exotisme sorprèn i et captiva, i conèixer la col·laboració de civilitzacions et fa recuperar la fe en un futur millor.

Descobrir el món : els indrets que m'han acollit

MÒNACO

Et penses que trobaràs la Carolina escombrant el pedrís del palau, però no… Trobes aquell pilot de negocis amuntegats i petits retalls del millor i més genuí Mediterrani… Forma part d'aquelles restes despistades de les grans baralles de la història d'Europa que han sobreviscut amb una empenta i una personalitat fortes. En Roger va flipar molt amb els cotxes aparcats davant del casino.

Definitiu.

Descobrir el món : els indrets que m'han acollit

PERÚ

Al Machu Picchu en Joan, escalador i muntanyenc de pro, va agafar mal de muntanya. Jo vaig trobar el Vargas Llosa, candidat a la presidència, que va venir a dir que sense ells la Gauche Divine barcelonina no és res… Quina barra! El Perú és la síntesi entre l'evidència de les grans cultures autòctones i l'assimilació dels valors hispans. És un procés que està en marxa. Tant de bo acabi recollint el millor de cada banda.

Descobrir el món : els indrets que m'han acollit

MARROC

Per a en Joan i els nens era el primer contacte amb una civilització diferent de l'europea, el cant de l'oració, el protagonisme del comerç i els oficis antics, l'art del regateig, maneres de viure diferents tan interessants de conèixer i saber respectar. No m'estranya que Fortuny i la seva generació caiguessin rendits als encants d'aquest exotisme.

Monsieur, deux pour fille...

ITÀLIA

És el país amb més art acumulat als carrers; la gent viva, intel·ligent, un xic pintoresca, són els grans protagonistes d'aquesta deliciosa *commedia dell'arte* a cel obert. Que mai no es perdin l'alegria i la ironia dels italians!

Descobrir el món : els indrets que m'han acollit

BRASIL

És l'exuberància tropical tant en la natura com en la gent. La pobresa hi és, però en vestit de bany no es diferencia gaire un ric d'un pobre perquè per sort per a ells molts són reguapos. Això ja ens ho havien fet observar la Maria Clara i l'Antoni, que hi havien anat abans. Quan hi viatgem en Joan i jo, la inflació és alta i una propina d'un milió de cruzeiros és menyspreada perquè és menys que res.

Descobrir el món : els indrets que m'han acollit

ÀUSTRIA

Hi anem amb els nens per veure els cavalls, que en aquell moment eren la seva passió. Àustria, per a mi, és un país pageset on en reconeixes l'imperi. Tenen un pomposíssim escenari on representen una opereta lleugera i vistosa. L'escenari es diu Viena. I Viena és Sissí, però ella en va fugir bastant!

Descobrir el món: els indrets que m'han acollit

RUANDA

Per fer una petita col·lecció de llibres de col·laboració internacional, anem amb la Carme Rovira a Àfrica. Al primer punt ens acullen uns missioners vigatans i també coneixem un bisbe suís aficionat als toros. Sembla mentida que en aquest meravellós país dels mil turons s'hi visqués la guerra que van viure. Jo el vaig veure com una nació artificial on la natura generosa no deixava mai ningú almenys sense un plàtan; tothom té un plataner. Les circumstàncies de la convivència van empitjorar després.

ESTATS UNITS

Hi vaig amb motiu de la presentació d'un llibre de pregàries escrites per nens en una fira de catequesi a San Francisco de Califòrnia. M'hi acompanya la Maria Pilar Sala, cunyada, i a San Francisco ens acull la Roser, monja, i també cunyada. A Nova York i també a Chicago el nostre cicerone és el claretià Bericat. Tots ells són molt bons companys de viatge. Els Estats Units és aquell compendi d'ingenuïtat, il·lusió, acolliment i racisme, modernitat i conservadorisme. Cal conèixer els racons de l'ànima americana, aquest trencaclosques complicat on els psicoanalistes han fet l'agost.

ETIÒPIA

Hi vaig amb la Carme Rovira, que s'hi ofereix amb el beneplàcit d'en Joan, a qui feia una mica de por que anés sola a un país en guerra. Etiòpia és l'únic que va fer front a l'ocupació colonialista d'Itàlia. Per això té tanta dignitat i una personalitat tan marcada per la seva originalitat cultural i la seva antiga pertinença al cristianisme. Les cerimònies de culte són espectaculars i majestuoses, dignes de la reina de Saba. Tant de bo Etiòpia trobi el camí de la prosperitat i la pau.

Deixeu entrar el cos del nostre germà!

Descobrir el món : els indrets que m'han acollit

SUISSA

Hi anem tota la família Bayés per recordar que l'avi va estudiar allà als primers temps dels raigs X. Les muntanyes són majestuoses; els rellotges, exactes. Els meus fills no venen; sort de la Sílvia, que em fa costat. En una altra ocasió, hi vaig amb la meva germana Ioia per recollir un pagament anòmal. Va ser una aventura 007, car ens van allotjar per equivocació en un *meublé*. Això sí, era discret i polit com tot el país.

Als nens els fascina el truculent tema dels tísics.

Descobrir el món: els indrets que m'han acollit

POSTOJNA

BABY DRAGON

ESLOVÈNIA

Amb la Ioia, la Maria Clara i l'Antoni hi anem una estona que ens sobra en el viatge del casament d'en Pol, el fill de la nostra cosina Flora Smit. En Martí, el meu fill, és el conductor; es perd i de poc arribem tard a l'església. El país és verd, endreçat, i és increïble la força que desprèn per existir. Bravo! És un model per a nosaltres. Tant de bo el puguem aprofitar.

Descobrir el món : els indrets que m'han acollit

TXECOSLOVÀQUIA

Anem a Bratislava amb motiu de la seva fira d'il·lustració; encara era Txecoslovàquia. En Joan Granados era el cap de l'expedició catalana, i hi anem molts dibuixants. La Roser Capdevila, la Carme Solé i molts altres érem ben joves, aleshores.

Praga és la ciutat més ben conservada de les que van patir els bombardejos de la Guerra Mundial, perquè va ser molt ben defensada. És la ciutat amb més consciència de ciutat que he trepitjat. És la gran dama de les ciutats europees segons el cànon d'Stefan Zweig. Algú de l'expedició té cagarrines i aconseguir el medicament va ser més fàcil amb el dibuix.

Descobrir el món : els indrets que m'han acollit

ALEMANYA

Els Breckhad, els pares de la Kristin, celebren 50 anys de casats. La Maria Clara, l'Antoni, la Gina, la seva neta i jo hi anem per estar amb ells aquest dia. És un país fascinant, una indústria potent, una cultura refinada, gent cordial i educada. La veritat, Hitler no lliga amb Goethe ni amb Gertrude Stein, ni amb molts altres alemanys. L'Alemanya estudiosa i disciplinada devia viure aquell episodi com un tràgic i dolorós lapsus.

Descobrir el món : els indrets que m'han acollit

HONG KONG

El conec encara sota domini anglès. Als nassos del comunisme, l'aparador més ampul·lós possible del capitalisme més agressiu. Ara els desitjaria bona sort amb les contradiccions actuals. Espero que el gegant Goliat no es cruspeixi el David d'una Xina tan rica com vulgui, però ben amistosa amb els territoris petits.

Descobrir el món : els indrets que m'han acollit

ROMANIA

D'aquest país no en sabia gaire res i no hi he estat mai, però en el viatge a Egipte amb el curs de l'Anna Espona el vaixell era romanès. Ens va sorprendre la facilitat amb què es comprenia la llengua, i les esglésies pintades i acolorides a les façanes sempre m'han fascinat. Potser hi aniré algun dia a veure si a Dràcula encara el tenen al cens.

JAPÓ

País exquisit del tracte fi i de la contundència de la lògica capitalista. Tenia curiositat per Àsia, començant per l'excel·lència del teatre Kabuki i acabant per les explicacions sobre l'antiga heràldica de la Carmelita, tia del cineasta Kurosawa, passant per les explicacions del cosí Pepe de Luna, que va venir a ajudar Hiroshima després de la bomba atòmica. Per disciplina, solidesa i tenir un nord clar, per a mi són els prussians d'Àsia.

Descobrir el món : els indrets que m'han acollit

GRÈCIA

És el país que em convé més visitar per tenir la sensació d'haver conegut mínimament el món. M'agradaria anar-hi amb els nets com una iniciació al principi de tot.

Descobrir el món : els indrets que m'han acollit

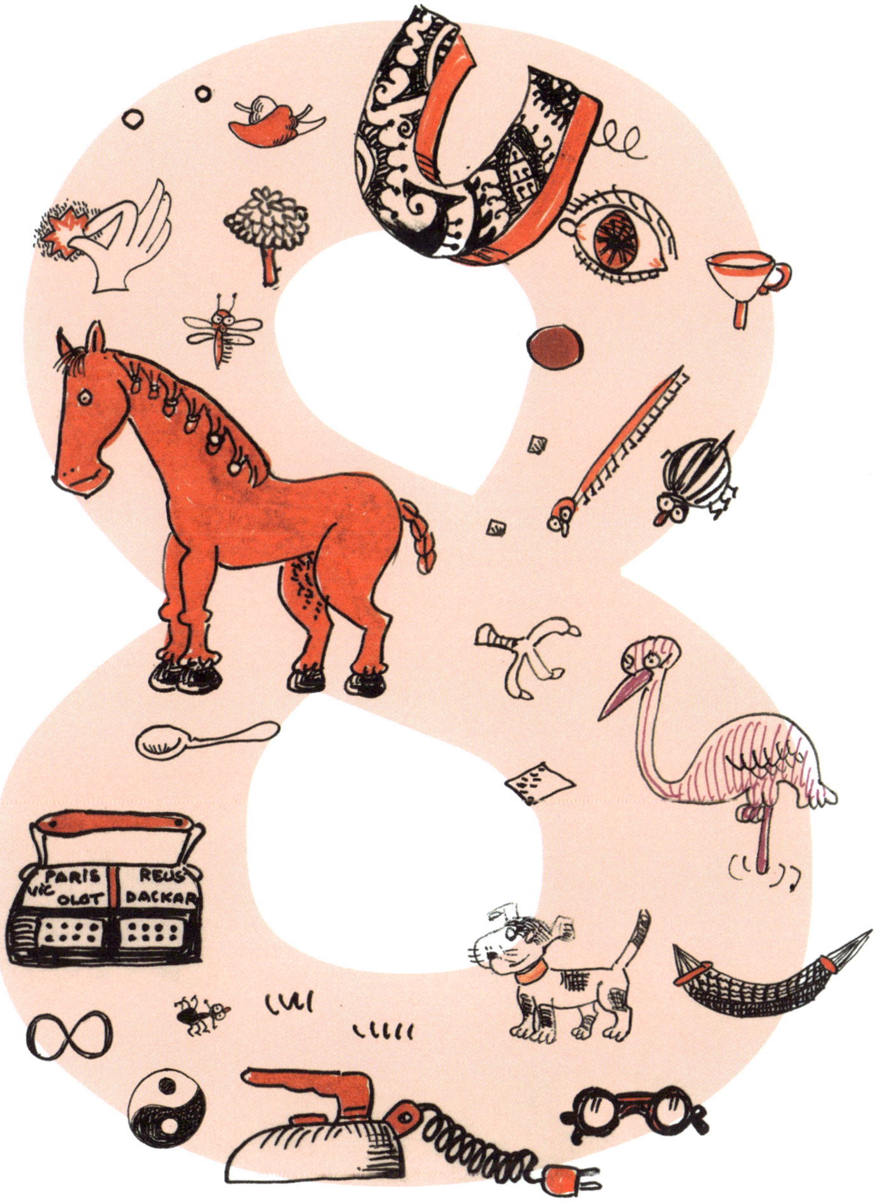
PARIS
VIC
OLOT
REUS
DACKAR

EL MEU PAÍS
és al meu cor!

Aquesta terra nostra, tan petita, és tan rica i diversa que no te l'acabes. La resta de la meva vida la passaré recordant els llocs importants, els monuments o potser les cases de pagès i els carrerons urbans que he vist. Encara tinc ganes de veure més coses, per entendre com, d'una varietat tan increïble, en pot sortir una sola ànima.

El meu país és al meu cor!

MONUMENTS.CAT

BESALÚ
El pont més bonic del món, almenys el més esvelt i elegant.

TERRASSA
Vapor Aymerich: una bellesa de construcció perquè la gent hi treballi de gust i amb dignitat.

VIC
El campanar romànic més alt i creient de tots.

MANRESA
El quiosc més elegant del país.

TARRAGONA
Claustre de la catedral, d'un gòtic auster.

LLEIDA
La catedral més ben posada.

PEDRAFORCA
Tòtem de les muntanyes.

LA SAGRADA FAMÍLIA
és l'àmbit més bonic. Bé, de l'univers Gaudí.

GIRONA
La lleona més petonejada de cap zoo.

TAÜLL
Romànic rural de gran presència.

FAR DE L'ILLA DE BUDA
Eficaç i brillant.

BLANES
La font per fer feliç un poble.

TORTOSA
El nostre Renaixement més aconseguit, equilibrat i perfecte.

VIC

La ciutat. Plaça anàrquica que és mercat, sambòdrom, espai social i saló, també definició de la nostra identitat.

El claustre de la catedral, l'espai més primfilat.

Claustre de l'hospital de la Santa Creu, prístina immersió en el Renaixement més pur.

Passatge al món antic gairebé sense retorn.

Vic, la meva ciutat. La que més estimo.

El temple romà i les ruïnes del castell de Montcada, fita de la nostra presència en diferents èpoques.

El conjunt musical de l'Atlàntida és important com a motor artístic; la seva silueta, sumada a la de l'antiga ciutat, és un vigorós *skyline*.

El meu país és al meu cor!

El meu país és al meu cor!

PER QUÈ EM TORNO INDEPE

IMPUESTO ESPAÑOL
Paguem com un Pepe.

"Subvenció per a la literatura catalana? No em surt!"
Rebem poc.

"7.000.000 de catalanohablantes, y a pesar de todo impediré que sea idioma oficial."
Ignorats.

"¿Para qué quieren la C en los coches? Solo es una chapa."
Minimitzats.

"No soc masoquista, hi ha un moment en què dic PROU."
Com tanta gent.

"Si Espanya no m'agrada intento marxar democràticament."
Dret a decidir.

"Amb la il·lusió que sigui millor el vell país recuperat."

"A por ellos."
Volem viure sense violència.

Perquè volem un país socialment més just.
"Immigrant, negra, dona? Cobres com a catalana que ets!"
CAIXA EMPRESARIAL

Ecològicament més net.
"Som-hi."

"Que mono." "Ep!"
Amb més presència a Europa.

Solidaritat amb tothom.

Som petits, però volem dir-hi la nostra a la comunitat internacional.
ROGINY · KURD · CATALUNYA · HAITI · QUEBEC

PRESIDENTA
I que les dones hi facin un bon paper.

Pensant en els grans d'edat i currículum...

...i en el futur.

El meu país és al meu cor!

Molts catalans i catalanes anem a tantes manifestacions perquè no podem suportar més que continuïn produint-se coses com aquelles de la nostra infància.

"La meva terra."

Que es menyspreï el nostre lloc de naixement.

A Geografia sempre deien Espanya. No cal dir a Història.

Dels nostres no diuen res, no existeixen.

La nostra senyera no és al costat de les dels altres països. Està prohibida.

L'Estat espanyol sempre renya i menysprea.

Quan era petita, hi havia molta gent pobra i desgraciada per la guerra. Els perdedors, no cal dir-ho, però als guanyadors tampoc els va anar tan bé.

La professora exigeix el castellà com a idioma superior.

"En español, por favor."
"Què diu?"

Als llibres de text els autors catalans surten en lletra petita.

El meu país és al meu cor!

- Disciplina per ser a l'hora en punt al lloc de la convocatòria.

- Convenciment per creure fermament en els eslògans.

- Ganes d'afegir la teva presència al conjunt.

- Motivació suficient per formar part d'una gran concentració de fidels.

- Sabates còmodes imprescindibles per no fallar a mig recorregut.

- Esperit d'estadística. La teva presència sumada dona gruix al nombre final de manifestants.

- Performance, seguir les indicacions gairebé coreogràfiques o corals dels organitzadors a la perfecció és el premi per als manifestants.

El meu país és al meu cor!

MANIFESTACIONS POLÍTIQUES DELS CATALANS

Fa molts anys que és una manera democràtica, pacífica i fins i tot festiva d'opinar. Contundentment, això sí.

LA SETMANA

porta una cadència pròpia. Un dia en succeeix un altre com les baules d'una cadena.

DILLUNS
Represa de la feina.

DIMARTS
El millor dia per anar al mercat, perquè el gènere és renovat. (No hi vaig gairebé mai.)

DIMECRES
El dia de lliurar l'acudit al meu setmanari.

DIJOUS
Dia de fer paella d'arròs.

DIVENDRES
Fer els 9 primers divendres de mes.

DISSABTE
Dia oficial de fer neteja.

DIUMENGE
Descansar, fruir els uns dels altres, menjar tortell junts.

Agraïment a tota la gent que m'ha encarregat feines
i ha tingut comprensió per la meva obra,
i a tots els professionals (impressors, maquetistes,
llibreters, viatjants...) que han aconseguit
fer-la arribar a molts llocs.

> D'on vinc? On vaig?
> Qui soc?

Ja n'he fet 80...
Com afronto la meva relació amb l'absolut?
I tu, lector?